“十三五”国家重点出版物出版规划项目
国家出版基金项目
云南省西南边疆民族文化传承传播与产业化协同创新中心建设项目
云南省社会科学普及规划项目
美联基金项目

非物质文化遗产的田野图像

云南大学西南边疆少数民族研究中心◎编

何　明◎主编

城子村傣族泼水节

金少萍／著

云南出版集团
云南美术出版社

为精神家园守夜

“非物质文化遗产的田野图像”序言

何明

非物质文化遗产积淀着人类的历史记忆，表征着丰富的文化多样性，构建着文化认同的精神家园。而“全球化”(globalization) 的迅速推进，把或隐或显的带有西方思想观念和价值体系的“现代性”商品、图像、技术、知识和思想在全球范围迅速扩散，悄然而迅速地吞噬与置换着民族性和地域性的生活方式和非物质文化遗产，西方化的同质性“世界图景”越来越明显而强烈地凸现出来，多样性的文化及其非物质文化遗产面临着生死存亡的危机与考验！

联合国教科文组织 2003 年 10 月 17 日在法国巴黎召开的第三十二届会议正式通过的《保护非物质文化遗产公约》，在“总则”第一条第一款对“非物质文化遗产”的定义是：“指被各群体、团体、有时为个人视为其文化遗产的各种实践、表演、表现形式、知识和技能及其有关的工具、实物、工艺品和文化场所。”

民众在行动，演绎出一幕又一幕可歌可泣的非物质文化遗产传承保护的大戏；国家在行动，推出一个又一个保护非物质文化遗产的法律法规；知识界在行动，非物质文化遗产的调查研究成为不同学科共同关注的焦点。作为以人类文化及其多样性为研究对象的学科，民族学和人类学责无旁贷地担当起调查研究非物质文化遗产的主力军和保护传承非物质文化遗产的“守夜人”。

法国艺术大师罗丹曾说：“世界上不是缺少美，而是缺少发现。”长期穿行于山林田野之间并驻留于“他者”之中的人类学家和民族学家，以其特有的学科敏锐性不断地发现鲜为世人所知的文化事项和非物质文化遗产，并亲临现场进行细致的参与观察，以撰写民族志的方式表述出来，使之成为“凝视”的焦点。“凝视”的后效在于：唤起文化持有者的文化自觉，以自己存有非物质文化遗产而感到自豪，倍加珍惜与主动传承；拓展其他社会或群体的文化视野，产生文化震撼，尊重异文化，并转化为支持各类非物质文化遗产保护的行动。

作为表征文化的符号系统，非物质文化遗产蕴含着深邃复杂的意义。若不做深入细致的阐释，人们难以理解其意义，也就无从感知与把握。“人类学写作本身就是阐释”。本套书系的作者们在对各项非物质文化遗产进行过程性和细节性描述的同时，也进行了一定程度的意义阐释，以期增进对非物质文化遗产的理解，进而推动保护实践的广泛有效展开。

克利福德·格尔兹：《文化的解释》，纳日碧力戈等译，第17页，上海人民出版社1999年版。

以上便是本套书系编写的基本目的，也是表述方式选择的根本依据。

在文化多样性不断遭受现代性侵袭的时代，非物质文化遗产这一精神家园需要“守夜人”。我们愿意勉力为之！

前言

泼水节（又称傣历新年），傣语称为“桑勘比迈”“楼贺桑勘”。由于在节日期间人们相互泼水祝福，故俗称“泼水节”。在节日期间，为了辞旧迎新，祈求佛祖保佑五谷丰登、人丁兴旺，僧侣们要在佛爷的主持下洗涤佛寺中供奉的佛像，后来这一浴佛活动进而扩展为民众之间的相互泼水祝福，成为庆贺傣历新年的一项重要内容。

泼水节主要流行于西双版纳、德宏、耿马、孟连、普洱、临沧等傣族聚居地区，以及西双版纳勐海的布朗族和德宏芒市的德昂族等聚居区。在西双版纳、德宏这两大傣族聚居区，泼水节已成为全州范围内的重大节庆，每年的泼水节活动盛况空前。

泼水节在傣历六月初（相当于公历的 4 月）进行。以前西双版纳傣族的泼水节按傣历推算，每年的日期不固定，现在则由西双版纳傣族自治州人民代表大会常务委员会立法，将每年公历的 4 月 13 日至 15 日定为“泼水节”，而各个傣族村庄泼水节的日期仍按傣历推算。在西双版纳自治州政府所在地景洪市，泼水节的主要活动由州政府统一策划和组织，成为全州范围内的重大节庆，既有传统民俗文化活动的大展演，又有经济贸易的交易活动。而各个傣族村寨民间的泼水节则更多地保持着傣族传统的习俗和古朴的韵律。这充分反映出泼水节文化的时代变迁，同时，当代泼水节活动中宗教色彩趋于淡化，这也是一种文化变迁。

泼水节是傣历的岁首、新年的标志，是傣族社会中至关重要的节日。傣族泼水节于2006年被批准为国家非物质文化遗产，相关的傣族孔雀舞也于2007年被批准为国家非物质文化遗产。为了探讨傣族泼水节非物质文化遗产丰富的文化内涵、民俗文化事项及其在当代的发展变迁，我们特选择了西双版纳勐腊县勐仑镇的城子村作为我们的田野调查点。请各位感兴趣的读者跟随我们的笔札走进西双版纳，走进傣族社会，走进城子村，去领略、欣赏傣族传统泼水节文化的深邃神韵和独特魅力，去见证傣族泼水节文化在当代的发展与变迁。

目录

城子村老年女性前来取浴佛的水　武有福　摄

城子

勐仑召勐土司居住的地方

村寨自然环境与人口

西双版纳勐腊县勐仑镇城子傣族村寨地处北纬 21° 41′，东经 101° 25′，位于西双版纳勐腊县的西北部，距勐仑镇政府 2.4 公里，距勐腊县城 100 多公里，距西双版纳州府景洪市 96 公里。勐腊县通往内地的交通要道213 国道(景仑公路)从城子村寨北侧通过澜沧江—湄公河次区域经济合作国际大通道昆曼公路则从村寨西侧穿村而过。

西双版纳勐腊县勐仑镇城子傣族村寨区位图

城子村是勐仑镇的坝区农村，海拔高度为 540 米。属于热带季风气候类型，兼有大陆性气候和海洋性气候的特征，年温差小，日温差大，年平均气温为 21.5℃，最热月平均温度为 25.3℃，最冷月平均温度为 15.6℃。年平均降雨量为 1500 毫米。该地区一年之中分为三季，每年 3~4 月为干热季，气温较高，雨量较少；5~10 月为湿热季，气候温热，雨水充沛，几乎全年 80% 以上的雨量都集中于这一季节；11 月至翌年 2 月为温暖多雾的季节。

城子村依山傍水，环绕村寨周边的小山峰仍保留着部分森林植被，尤其是村寨西侧的两座神山，即香发公主山（傣语称“拱曼蚌”）及其毗邻的白象山（傣语称“广掌泊”），山顶的森林植被一片葱绿。而半山坡上大多栽种着橡胶、柚子、茶叶等经济作物，橡胶林一山山、一片片，成为独特的人工林木景观。隶属澜沧江水系的罗梭江（傣语称“南邦河”）自北向南环村而过。国家级自然风景区西双版纳勐仑热带植物园与城子村近在咫尺，隔江相望。位于村寨南边的南会帕河，以及村寨北边的南哈河则自西向东汇入罗梭江。南哈河上建有南哈桥，是村寨连接外部世界的重要通道。位于村寨北边的大片土地，是村寨的主要耕地，种植有稻谷、蔬菜、玉米、香蕉等。

村寨内的小山上矗立着佛寺和佛塔，佛寺周边的小山坡上树木葱郁，菩提树、贝叶棕、糖棕、榕树、铁刀木等昂然挺立、驳杂其中。开阔之处，还植有绿色草地，栽种有油棕、酸枣、酸角、文殊兰等植物。山脚下原有一池莲花，如今已荡然无存，辟为菜地，连接着村寨的僧侣坟地和村民的集体坟地，坟地内仍保持着原有的森林植被。村寨的水井位于距僧侣坟地不远处的榕树丛间，其上建有干栏式的井房，水质甘洌，常流不绝。井水现在主要用于祭祀、农事灌溉、建筑等。

城子村民居（武有福摄）

村民家家户户的庭院内普遍植有热带植物和花卉，别致精巧的干栏式民居掩映在一片片绿树红花中。城子村200多座傣族干栏式民居建筑群保存较好，组成了一道独特的风景线。

在田野调查中，我们采用PRA（农村参与式观察）调查方法，请村民绘制了村寨的外部环境图和内部结构图，这是傣族村民对本村寨外部环境和内部结构直观描述的一种文化认同。

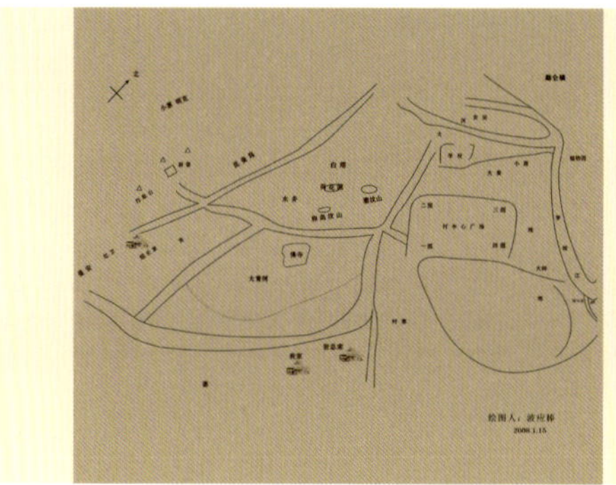

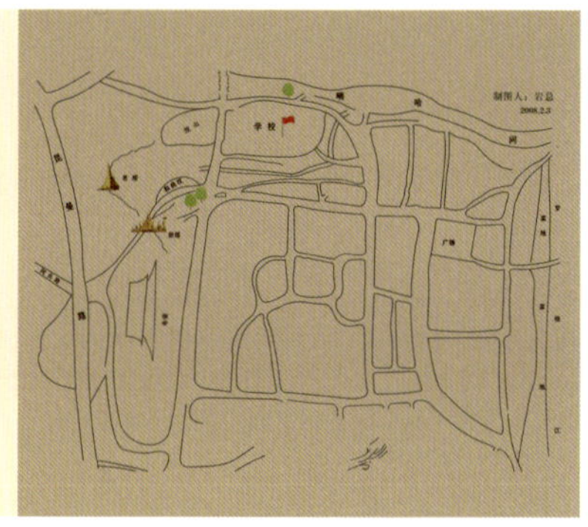

（左）城子村外部环境图
（右）城子村内部布局图

通过左图可以大致看出，城子村位于一个小型坝区内。村寨北面是213国道（景仑公路），村寨的东北面是勐仑镇，西南面是昆曼公路，沿昆曼公路往南则分布着曼安、曼梭醒等村寨，公路沿线橡胶林连成一片。罗梭江自北向南环绕寨子，江边一带竹林、菩提树、榕树枝叶茂盛，绿树成荫，并有大片村民自垦的菜地。罗梭江对面是国家级自然风景区勐仑热带植物园。

右图清楚地标示了城子村寨的内部结构。村寨的北面入口处是常乐小学，小学斜对面为村寨的集体墓地。顺着横贯村寨南北的水泥路往前行约50米便可望见小山上的佛寺和佛塔，再往前行50米即是村民委员会所在地。村寨的这条路也是连接曼安、曼梭醒等寨子的主要通道。村寨内的水泥小道四通八达。中心广场是村民平常集会、交易的地方。历史上，中心广场一带曾是勐仑召勐土司及其亲属的居住地，议事庭也位于此地。如今勐仑末代召勐土司刀新民的后裔依然居住于此。广场中心有两座勐神的神龛，附近还有原来的四个小村寨寨神的神龛。

城子村整个村寨的布局以佛寺为中心，民居主要分布在佛寺东侧，并以广场为中心点向四方扩展。在佛寺的南侧也分布有少部分民居。佛寺西侧越过昆曼公路的对面则分布有 9 户人家以及因修建昆曼公路搬迁至此的 23 户村民组成的新寨。

城子村是勐腊县最大的傣族自然村落，隶属西双版纳州勐腊县勐仑镇城子村民委员会。城子村民委员会下辖 10 个自然村共 13 个村民小组。13 个村民小组分别是城子一组、城子二组、城子三组、城子四组、曼哈伞、曼安、曼梭醒、曼赛、曼南醒、曼炸、曼勒、曼俄、曼仑。城子村是该村委会所辖的一个自然村，该自然村下辖 4 个村民小组，分别是城子一组、城子二组、城子三组、城子四组。

据统计，2007 年城子村总户数为 262 户，总人口 1209 人。城子村的民族构成历来以傣族为主，系傣族中的傣泐支系。村内也有部分因婚姻关系而迁入该村的其他民族，人数极少，有哈尼族、汉族等。据 2007 年的统计，全村有傣族 1199 人，占全村总人口的 99.17 %；有哈尼族 5 人，占全村总人口的 0.41%；有汉族 5 人，占全村总人口的 0.41%。

勐仑坝子的行政中心

城子，傣语称为“景”，意为召勐土司居住的地方。勐仑城子建寨历史悠久，是勐仑召勐土司世代居住之所，历来是勐仑坝子的行政中心，周边的数个傣族村寨原来曾是专为召勐土司服务的徭役寨，如曼安寨专门为召勐土司唱歌，曼炸寨为召勐土司养象和养马，曼炸寨则专为召勐土司制陶等。

“勐”是历史上西双版纳地区的一级地方机构的名称，其领主称为“召勐”，意为“地方之主”。

建国初期各勐土司合影（武有福翻拍）

追溯勐仑召勐土司及城子村的历史源流，因清末民国年间曾屡遭匪患，相关资料殆失。据《民国镇越县志》记载，勐仑召勐土司的傣族名字叫召麻哈翁，汉族名字叫刀维中，因遭土匪袭击，全城尽毁，土署的文献资料全部殆失，因此勐仑召勐的历史沿革无从查考。民国8年（公元1919年）营运鸦片的迤萨烟帮焚劫勐仑城子村，佛寺僧侣均被杀害，文献经籍俱毁。

《西双版纳自治州民族宗教志》，云南民族出版社，2006年，第12页。

勐仑末代土司刀新民（刀维中之弟）中华人民共和国成立后曾担任易武县人民政府副主席，于1956年病逝，其时两个儿子尚小，对家族的历史没有留下记忆。现在不仅年轻人，就是村里的老年人对勐仑建勐及村寨的历史来源也基本上一无所知。幸运的是，中华人民共和国成立初期50年代民族大调查的资料中，保留有勐仑召勐土司和城子村的一些零碎资料，其中关于勐仑建勐的传说可谓众说纷纭。曾有学者对勐仑建勐的历史进行探讨，从众说纷纭的口碑传说中梳理了其历史发展演变的大致线索，认为众说纷纭的勐仑建勐传说，反映了历史上勐仑战事纷繁，不仅有傣族为征服这一地区与土著之间的战争，还有发生于傣族内部召片领与当地召勐之间的争斗。最后是景洪的召

详见《傣族社会历史调查》（西双版纳之三），云南民族出版社，1983年，第25页；《傣族社会历史调查》（西双版纳之九），云南民族出版社，1983年，第142~144页。

“召片领”是傣语名称，意为“广大土地之主”，是历史上西双版纳地区最大的封建领主。

片领家族确立了在勐仑地区的统治权。勐仑地方虽小，但召勐的地位较高。至今位于村寨西侧，被村民称为“神山”的香发公主山，傣语称“拱曼蚌”，以及在村民中广为流传的“香发公主的传说”等即是勐仑建勐和城子建寨历史的一种印证。

在新中国成立初期的土地改革之前，整个西双版纳傣族社会长期处于封建领主制度的统治之下，农奴内部分为“傣勐”和“滚很召”两个等级。“傣勐”意为本地人、土著或建寨最早的人。“滚很召”意为主子的人，其人身隶属关系，多半是由家奴转化为农奴；也有一部分“滚很召”是从“傣勐”转变而来。“滚很召”这一等级根据其身份地位、占有土地多寡、负担劳役种类以及迁来的时间等，又划分为“领囡”“冒宰”“滚乃”“郎目乃”等若干等级。据20世纪50年代的调查资料，勐仑共有8个村寨属于“傣勐”等级，其中有曼巴汪寨（原来城子的4个小自然村之一），“滚很召”等级有12个村寨，其中有曼雅菲、曼乃红、曼冒宰3个村寨（原来城子的4个小自然村中的3个村寨），其中曼雅菲属于领囡等级，曼乃红、曼冒宰则属于冒宰等级。1956年曼巴汪寨有31户，174人；曼雅菲寨有25户，134人；曼乃红寨有30户，163人；曼冒宰寨有44户，219人。

根据历史传说及调查资料，现在的勐仑城子村寨的寨址最早是在傣勐寨曼喝景，后来曼喝景寨与傣勐寨曼巴汪合并，也就是现在的城子村，曼喝景的寨名已经消失。此后又在傣勐寨曼巴汪的基础上相继分出滚很召寨子曼雅菲、曼乃洪和曼冒宰。即城子村历史上由曼巴汪、曼乃红、曼雅菲、曼冒宰四个小寨子组成，新中国成立初期土改时将其改为城子一社、二社、三社和四社，这一名称沿袭至今。现在村内的大部分年轻人只知道城子村分为一组、二组、三组、四组，

朱德普《傣族神灵崇拜觅踪》，云南民族出版社，1996年，第214~215页。

彭勋子《西双版纳二十六个勐傣族村寨所属封建等级统计》，载《傣族社会历史调查》（西双版纳之二），云南民族出版社，1983年，第94页。

4个小村寨的户数及人口根据龙晓燕对勐腊县档案馆全宗70目录1卷2“城子土改单户资料”的统计。

李义湛等《勐仑历史传说及演变情况》，载《傣族社会历史调查》（西双版纳之九），云南民族出版社，1988年，第142—144页。

勐仑召勐土司的后人（武有福摄）

并不知道原来的村寨名称及其意义。老年人虽知晓四个小村寨的傣语名称，但对其担负的封建责任和徭役已记不清楚，诸说种种。

勐仑坝子的宗教文化中心

城子村历史上不仅是勐仑召勐土司的居住地和勐的议事庭所在地——勐仑坝子的政治中心，同时也曾是勐仑坝子宗教文化的中心。城子村全民信仰南传上座部佛教，同时又保持着对原始宗教的传统信仰，两种宗教信仰相互交融，并行不悖。

原始宗教的传统信仰

在城子村傣族传统的原始宗教信仰中，万物有灵的观念贯穿生产和生活之中，自然层面的神灵有水神、谷神、风神、树神、山神、象神等，一年四季均有不定期的祭献活动，诸多祭祀活动沿袭至今。此外，在村民中广为流传的神话传说中的香发公主也被奉为神灵，村寨西侧有香发公主神山及白象神山，村民世世代代遵循着禁止在两座神山砍伐树木、打猎等禁忌。傣族生产和生活中名目繁多的自然神灵的存在与傣族稻作农耕的传统、保护森林和保护水源的古俗民风相结合，有益于当地自然资源与生态环境的保护。

原始宗教信仰在社会层面则主要表现在对家神、家族神、寨神、勐神的祭祀。

家神，傣语称“丢布拉很”，是每个家庭的保护神，凡节庆、家人生病、出远门、建新房、结婚等大事均要祭拜。家神的神龛位于每家老年人的卧室内，外人一概不得进入。

家族神，往往是一个家族的祖先。一般供奉在本家族最古老的家庭中或该家族修建的公共房屋中，由家族长主持祭祀。城子村佛寺后

城子村象神塑像（金少萍摄）

面西侧的小山坡上至今还保存有一个家族神的神龛，而村内其他家族的神龛已不存在。

据调查这是村民咪的洪（女）她们这个家族的神龛。

寨神，傣语称“丢布拉曼”，城子村有四个“丢布拉曼”，分别是历史上四个小村寨曼巴汪、曼乃红、曼雅菲、曼冒宰的寨神，均有神龛。现在每年傣历新年时集体祭拜一次。平时由各家各户自行祭拜，管理者为世袭。

随着时代的变迁，虽然在城子村还有对家族神和氏族神（寨神）

（左）城子村小寨神神龛（金少萍摄）
（右）城子傣族避邪物“达了”（金少萍摄）

的祭祀、供奉，氏族与家族组织在实际生活中已不存在，氏族与家族的观念也逐渐淡化，除相关的祭祀外，仅限于日常生产、生活中的相互帮助。

勐神，傣语称“丢布拉勐”， 城子村至今还有两位勐神的神龛，一个位于村寨中心广场正中，另一个位于广场左侧房屋的背后。两位勐神分别称“丢布拉达翁”和“丢布拉发翁”。据村民称一位是民族英雄，另一位是召勐土司。勐神的神龛也有两位世袭的管理者。现在每年傣历新年时集体祭拜一次。平时各家各户遇大事如外出、生病等则自行前去祭拜，并请管理者帮助摆放祭品。

南传上座部佛教信仰

城子村全民信仰南传上座部佛教，村寨佛寺的历史悠久，规模宏大，属于勐仑地区的中心佛寺，下辖曼勒、曼纳堵、曼边、曼打鸠、曼安、曼仑、曼俄、井岗、曼傣、勐远、曼梭醒、曼炸、曼纳伞 13 个村寨的基层佛寺，佛寺的组织系统沿袭至今。关于城子村寨佛寺最早的建筑年代，我们没有找到翔实资料，只知道原来的佛寺毁于1958年的“左倾”运动中。直至 1983 年恢复重建，重建之初仅为一间茅舍。1986 年村民们在原址上精心设计，并投工投劳建成如今的主体规模。其整体布局呈南北走向，依次是佛塔、僧舍、大殿和戒堂。大殿坐北朝南，土木结构，屋顶为三层

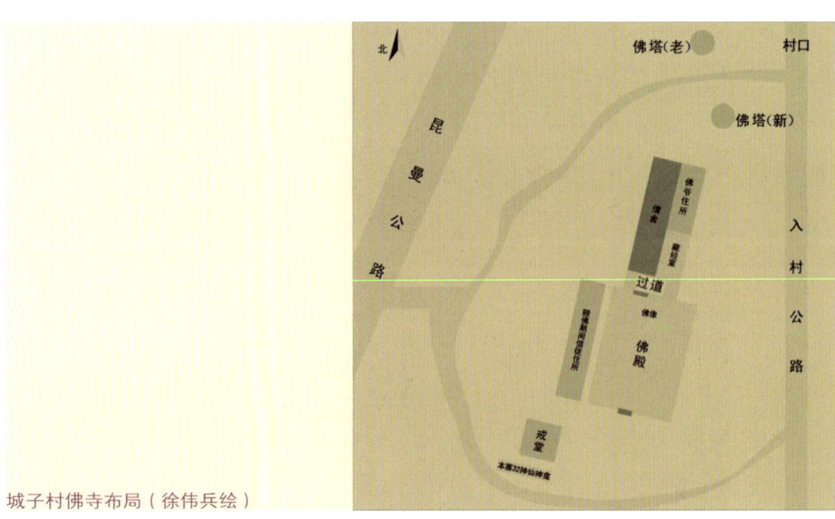

城子村佛寺布局（徐伟兵绘）

城子村佛塔（武有福摄）

重叠，葺以黑灰色瓦片。殿堂前后有两道大门，左右设有两道小门。在佛殿的最西侧，紧邻诵经亭并以通道相连接的一间房舍是供关门节或赕佛期间前来诵经的老年人们的住所。僧舍位于大殿的正后方，以廊阁连接，为砖瓦建造的平房。僧舍主要分为和尚住所和佛爷住所两部分。戒堂位于大殿正门的左侧，坐西朝东，造型独特，是中心佛寺的重要标志。每个月上半月的 15 日和下半月的 15 日，城子中心佛寺下辖 13 个村寨的佛爷们集会于戒堂念经、商议佛事，外人均不得进入。村内有两座佛塔，一座位于佛寺的北端，通体喷饰金粉。另一座位于对面的小山上，与佛寺遥相呼应，村民称其为“老塔”。

佛寺自 1983 年恢复重建以来，入寺和尚最多时有四五十人。现有两位佛爷，其中一位是佛寺的住持，另一位佛爷年仅 19 岁，共有 7 名小和尚。住持主要负责佛寺内对小和尚的讲经授课，念经祈祷，并定期召集下属村寨佛寺佛爷的念经、忏悔活动以及商议各佛寺的重大宗教活动。小和尚们在念经、学习之余，还要轮流负责当日的化缘、做

城子村佛寺大殿（金少萍摄）

饭、打扫寺庙等工作。佛寺还有一位专管佛寺大小杂事的世俗人员。佛寺及僧侣均由全寨人供养，除了全村每户人家每年供给佛寺僧人30 元钱外，各种赕（敬献、布施的意思）佛活动，常年不绝。小赕如平时每天每户人家要供糯米饭给佛寺僧人，每天清晨由当值的小和尚到各家门前化缘。各种大大小小的赕佛活动，祭品除食物外，尚有钱财、衣物等，全部由僧人享用。

参与各种形式的赕佛活动是村民履行佛教信仰的具体表现，一年之中有几次规模较大的全村集体性的赕佛活动：两次赕塔活动，村内共有两座佛塔（老塔和新塔），傣历一月十五日赕老塔，二月十五日赕新塔；赕新年，俗称“泼水节”，傣语称“桑勘比迈”；赕“毫瓦萨”（关门节）；赕“奥瓦萨”（开门节）；赕“赞”（赕象）。此外还有“赕帕”（由村民赕袈裟给佛爷、和尚）、“赕温帕”（小和尚入寺，由村民负担经费）、“赕坦木”（供献经书）、每月还有两次佛教圣日的赕佛活动等。

城子村佛寺戒堂和 32 神仙神龛（武有福摄）

序篇

与水有缘的民族

濒水而居的生活方式

居住

西双版纳傣族的村寨依山傍水，一般选择在江边、河边建寨，正如傣族谚语所言："建寨要有沟和箐，建勐要有江和河。"傣族濒水而居的生活习俗与当地的生态环境和炎热的气候相适应。

高力士《西双版纳傣族传统灌溉与环保研究》，云南民族出版社，1999 年，第 28 页。

傣族传统建筑为干栏式的竹楼，一方面与傣族地区村寨种植在江河边丰富的竹资源相适应，另一方面傣族竹楼集通风散热、防湿避虫、防洪抗涝等功用为一体，是傣家人适应生态环境的最佳居所建筑样式。

城子村坐落在澜沧江水系的罗梭江畔（傣语称为"南邦河"），清清江水自北向南环村而过。位于村寨南边的南会帕河，以及村口的南哈河则自西向东缓缓汇入罗梭江。

城子村畔的罗梭江（武有福摄）

与濒水而居的生活方式相适应，城子村传统民居也以傣族特有的干栏式为建筑形式。原先以木材搭成结构框架，房顶上铺以茅草，呈"人"字顶，形成巨大斜坡面，楼板及四周墙壁均以竹子为材，用整根竹筒劈压编成，故称竹楼。20 世纪 70 年代之后建造的房屋仍沿袭传统干栏式，采用灰色的小瓦片葺顶，以替代山茅草。山墙、四周墙壁、楼层全部采用木板铺设。20 世纪 90 年代以后村内开始出现以砖瓦、水泥混凝土为建材的新式干栏建筑，房顶以琉璃瓦为饰。

如今城子村的绝大部分民居仍保持着传统的干栏式形制，黑灰瓦葺顶，木架结构。建筑分为上下两层，楼下四面开敞，或圈养家畜、家禽，或堆放杂物，或纺线织布，或停放摩托车、拖拉机。楼上则是一家人起居之所，楼梯呈 9 阶或 11 阶，楼口长廊状的外客厅，是平日歇息、招待客人之所，也用于储放农具等物。长廊外为一小晒台，可以纳凉、晒衣服，并通往厨房。室内分为内客厅、卧室与厨房三部分。在内客厅，一家老小可在此看电视或干杂活。一家几代男女同居于卧室内，一般靠近楼梯一端为成年男女居住，靠里侧则为老年人居住。室内有两根特殊的柱子，一根叫“哨昭”（意为男柱），一根叫“哨喃”（意为女柱），这两棵柱子是家神寓居的地方，以前有神圣的禁忌，外人不得触摸等，现在多数人家这样的禁忌已无足轻重，也有部分人家沿袭着旧有的传统禁忌。傣族每户人家的竹楼自成院落，外筑矮墙或以仙人掌为篱笆，庭院内绿树红花掩映，生机盎然，有的人家还特意在干栏式民居前种植一株美人蕉，尽显傣家干栏式民居玲珑雅致的风情。

（左）城子村干栏式民居（武有福摄）

（右）城子村口的凉亭（金少萍摄）

从城子村佛寺山顶看到的民居布局（金少萍摄）

勐仑傣族女性节庆服饰（武有福摄）

至今城子村200多座干栏式傣族民居建筑群保存较好，是城子村一道独特的风景线，从村庄的制高点佛寺向下俯视，一座座黑灰瓦葺顶的干栏式傣族民居宁静古朴、鳞次栉比的场景蔚为壮观。

在城子村的村口还建有凉亭，这是西双版纳傣族村寨沿袭了世世代代的独特建筑之一，气候炎热，在凉亭中放置有水罐，以供路人休息、解渴之需，这既是傣族传统水文化一个层面的独特象征，也是傣族人民积善的一种实践。

服饰

傣族的服饰也与当地炎热的气候及濒水而居的生活相适应，短衣长筒裙历来是西双版纳傣族女装的重要标志，这种款式沿袭了上千年。明代史籍中有傣族女性服饰“女椎髻，短衣桶裙”的记载。

［明］钱古训撰、江应梁校注《百夷传校注》，云南人民出版社，1980年，第89页。

傣族女子的上衣普遍较短，并且色彩偏浅，多以白色、粉红、淡黄、淡蓝为主。城子村傣族女子的上衣有两种款式，傣语分别称为“色板”和“色拥”。“色板”泛指傣族女子的传统服饰，自纺、自织、自染、自缝。其主要特点是斜襟、窄袖、无扣、素色、有裙摆，腰部由内向外缝有布腰带，用于将两襟斜向拴连。衣服领口、袖口和下摆处有各色布条拼缝的花边装饰，有直线形和波浪形两种花边。该款式主要流行于新中国成立前直至20世纪80年代，这种款式如今仅有极少数老年妇女还在穿着，但花边装饰趋于简单化

城子村傣族老年男性服饰（金少萍摄）

城子村傣族女童服饰（武有福摄）

了。20 世纪 80 年代以后，村内的傣族女子普遍身着“色拥”，这是一种制作更加简单的上衣，并且，材料主要从商店购买。其主要特点是圆领、斜襟、窄袖、有扣、无摆，衣袖有长袖和短袖之分，以机织花边为饰。

与当地炎热的气候相适应，村内的傣族女子一般还喜欢在外衣内穿一件无袖对襟紧身排扣背心，尤其是年轻女子的紧身排扣背心上装饰有色彩艳丽的花边，炎热时节或是到河边洗涤时脱去外衣，傣族年轻女子婀娜多姿、仪态万千的迷人风采一一展现。

而长至脚踝的筒裙，利于通风散热，十分凉爽，既适于劳作，更便于涉水。在 20 世纪 80 年代前村民基本沿袭着自纺、自织、自制服饰的传统，以自织土布为服饰面料，布料越洗越柔软，舒适、透气。自织的筒裙多以红色、绿色或紫色为底纹，其上饰有一道道宽窄不一的彩纹线条，这既是一种点缀，也增加了一种流动的韵味。

村内傣族男子的传统服饰也多以土布缝制，上装是对襟衣，用布条盘纽扣。下装的腰部和裤口较宽大，其穿着方式与女子筒裙相似，均需要折叠后用银腰带或布带系扎。如今这样宽裤口的传统男裤已经很少见到，仅有少数七八十岁的老年人仍在穿着。裤腿宽大，与炎热的气候和传统生计方式相适应，便于在河中洗涤、沐浴、捕鱼捞虾。

有的学者论述了水是傣族传统服饰艺术的一个重要主题，并解读了傣族女性传统服装图案装饰与水文化的关系，据称女子上装（色巴）后腋部的两根细带子，最初的含义就是代表水，相传它是水——人类生命之源的象征。筒裙上的横向的花纹，有若干种红、绿、黑等混合颜色的纹样，代表的也是江河、山泉、溪流，有的筒裙上还有水罐、竹筒、竹瓢、涧槽、葫芦等图样，这些从饮水器皿、引流工具、取水器演变而成的纹样，同样反映出傣家人取水、引水、盛水、喝水等的某些生活情景，反映的是傣族与水的密切关系。水和与水有关的文化习俗，在傣族衣装饰品中被充分而生动地记录和展现出来。

艾菊红《傣族服饰与傣族水的生态环境》，载《民族服饰与文化遗产研究——中国民族学会2004年年会论文集》，云南大学出版社，2005年，第264页。

头饰

当地傣族女性的传统头饰，是将秀发盘成螺状，傣语称“搞风达寨”。村内的老咪涛曾告诉笔者，盘这种螺状发式，不仅头发要有一定的长度，而且要用淘米水洗涤才不易散开，盘发较为费时。现在村内绝大多数的中老年妇女仍沿袭此类发饰，而年轻女子平时普遍使用市场上销售的现代洗发用品，加上每天快节奏的生活，没有闲暇盘饰这种螺状发型，只有在传统节庆活动时才特以这类盘发为饰。螺状盘发展现了傣族女人发型的秀美和端庄。往昔在夕阳西下的罗梭江畔，随处可见城子村傣族女子洗涤长发的动人场景。

盘发上多装饰有发钗、环状花梳、梳子、鲜花等，尤其是闪烁的金发钗格外引人注目，集美丽和高贵为一体。据笔者在村中的观察，中老年妇女的螺状盘发上，几乎无一例外地配以螺状金发钗为饰，其中以三角螺发钗居多，也有少数五角螺或其他形状的发钗。当问及螺状发钗的来源时，中老年妇女均称这是过去祖传的款式。

城子村傣族女性现代节庆头饰（武有福摄）

城子村畔有一座神山，当地傣族称之为香发公主山，香发公主的动人传说故事在当地广为流传。相传美若天仙的香发公主就是因在罗梭江畔洗涤长发时散发出独特的香味而远近闻名，以至于在勐仑一带引发了各勐土司间的征战。20 世纪 50 年代的相关调查资料中也有一则流传于勐仑一带的香发公主的传说。

《傣族社会历史调查》（西双版纳之九），云南民族出版社。1988 年，第 144 页。

而在勐仑当地还盛传着一则亮头发公主的传说，据传曼卡寨有一位名叫喃捧亮的基诺族姑娘，有一天她到河里找螺蛳吃，找到了一个三角形的螺蛳，将之戴在头上，顿时头上发出耀眼的光芒，在很远的地方都看得见，而这位姑娘也变得更加美丽可爱。召片领看见光芒，便派人前来查看，随后娶喃捧亮为小老婆。召片领的大老婆忌妒喃捧亮的美貌，暗中偷了三角螺，大老婆戴上三角螺后也显得美丽非凡。而喃捧亮失去了三角螺，随之也失去了美丽的光芒，并被召片领撵出家门。傣族召片领与山地民族基诺族联姻的相关传说还有傣文史料的佐证，据傣文《召片领四十四世始末》载：召片领九世名召坎勐，曾娶基诺族女为后，生子名召西拉罕，父死继位，为十世召片领。

《傣族社会历史调查》（西双版纳之九），云南民族出版社，1988 年，第 144 页。

高力士《西双版纳傣族的历史与文化》，云南民族出版社，1992 年，第 129 页。

类似的传说在西双版纳的基诺族、布朗族中也较为流行，当地人称为“西双漂”（指女人的美貌和风采一天能变十二种颜色）的故事。女人的美丽均与螺相关。

举凡当地流传的种种相关的女人与螺的故事传说，有这样几个关键词：“女人”“螺”“美丽”“魔力”。解读其文化意义：一方面

城子村傣族女性螺状发饰（武有福摄）

这是历史上西双版纳地区傣族上层与山地民族基诺族、布朗族女子之间缔结婚姻关系的凭证；另一方面，在诸类传说中“螺”被赋予了特定的文化象征意义，既成为当地少数民族女性美丽的象征，又成为少数民族女性具有特殊魔力的象征。在此，虽然我们的调查和手中的资料还不足以直接证明城子村当地傣族女子传统的螺状发式以及普遍以金螺发钗为饰的传统习俗与上述两则传说之间的关联性，但可以肯定螺与水是相关的，是傣族地区普遍存在的一种水生物，也是傣族喜食的一种水产物。当地傣族妇女世世代代沿袭着螺状的发式并特配以螺状金发钗为饰的习俗，大概不是一种随意的选择，这与傣族的水居生活有关，某种意义上讲是傣族水文化的另一层体现，是傣族的水文化在妇女头饰装扮上的一种积淀，蕴含着特定的文化寓意。

爱清洁的秉性

傍水而居，丰富的水资源、优质的水环境，造就了傣族爱清洁、讲卫生的秉性。在傣族民间，其生活用水与饮用水一向是严格分开的，饮用水多半源于山箐的清泉水，挖井时均要在水井上建有造型独特的井房，有的是干栏式，有的是龙的造型，有的则是大象的造型，并形

城子村妇女在江中洗涤长发
（金少萍摄）

城子村村民在河畔洗涤食物（武有福摄）

成共用盛水的水桶或水勺，定期清洗水井等村规习俗。城子村的水井位于村庄北侧的一片榕树林间，井水清澈甘洌，上建有干栏式民居式样的井房。从远处眺望宛如一幢掩映在绿树丛中的袖珍型干栏民居。现在村民饮用的自来水，也来源于山间的清清溪流。生活用水则依仗江河水，所有的衣物、蔬菜、生活用品等均拿到江河边冲洗，每天随时可见村中的傣族妇女三五成群在河边洗涤的场景。每天劳作后，傣族女子们往往结伴相约到江河中沐浴、戏水，以消除一天的疲劳。勤洗涤、常沐浴既是傣族的日常生活习俗，也是傣族平素爱清洁、讲卫生的具体表现。

在西双版纳的澜沧江畔和诸多河流之溪，素来闪动着最引人注目的这样三组镜头，并成为傣族民风民俗的缩影：

肩挑陶罐到江边汲水的傣族女子；

将长发涤荡在缓缓流淌的江水中的傣族女子；

由浅入深涉入江河中，渐次将筒裙往上卷至头顶，随后沐浴、戏水的傣族女子。

这历来是傣族水乡一道不倦而亮丽的风景线，展现了柔情似水的傣族女人的万种风情，也是傣族沿袭了世世代代的传统水文化的一组缩影。往昔在罗梭江畔的城子村，每天都上演着这样一组组美妙绝伦的镜头，令人赏心悦目。

生命礼俗与水

在傣族传统的生育习俗中，古时流传有小孩出生时浴于水的文化习俗。明代钱古训的《百夷传》中有“凡生子，贵者以水浴于家，贱者则浴于河”的记载。现在普遍已没有这样的习俗，城子村只是在小孩出生后的第 15 天要给婴儿洗头、洗澡，这时产妇才可吃油荤食物。据村民说过去产妇生育后下床的第一件事就是到江河中冲洗身体。

［明］钱古训撰、江应梁校注《百夷传校注》，云南人民出版社，1980 年，第 96 页。

过去当地傣族普遍盛行水葬，只是在佛教传入后才改为火葬。人死时有用水洗的习俗，并举行滴水仪式以示对祖先的怀念和祈福等，尤其是泼水节期间以纪念祖先为主题的滴水仪式规模宏大，几乎是全村男女老幼都要参与的重要仪式。

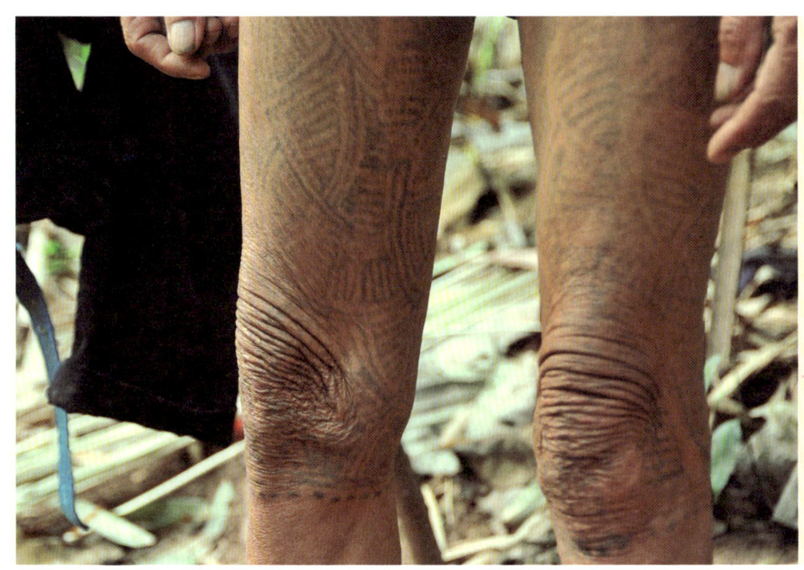

城子村男性老人文身局部（武有福摄）

城子村村民捕小鱼虾的渔笼（武有福摄）

文身习俗源于水

文身是古越人之俗，与其生活地的水环境有关，其目的是为了“避蛟龙之害”。随着历史的发展，文身之俗渐渐演变成为民族的一种标志。早在唐代，傣族先民中有与文身习俗相关的称谓，如“绣脚蛮”等。元代李京《云南志略》载：“金齿百夷，男子文身……”《马可波罗行纪》中也有记载：“金齿州，男子刺黑线纹于臂腿下，刺之之法，结五针为一束，刺肉出血，然后用一种黑色颜色涂擦其上，既擦，永不磨灭。此种黑线为一种装饰，并为一种区别标识。”明代钱古训的《百夷传》载：“百夷，官民皆髡首黥足，有不髡者，则酋长杀之；不黥足者，则众皆嗤之，曰：妇人也，非百夷种类也。”

在与傣族文身相关的传说中，流传有多种版本，其中最重要的有与水居生活相关的内容。民间相传很久以前，傣族祖先生活在江河湖泊旁边，以打鱼摸虾为生。而江河中藏有庞然大物水怪“缅责纶”，它时常兴风作浪，危害人类，专门咬在水中干活的人，穿裤子的不咬，尤其咬白腿子。傣族生活于热带，不习惯穿裤子，总是光腿下河劳动，被水怪咬死咬伤无数。傣族祖先们共同商讨对策，大家想出了从“麦色耿”树上取汁染腿的方法。自从用“麦色耿”树汁染腿后，下江下河时水怪再也不会咬傣族了。还有一则这样的传说：古时候，傣族居住地的水中有一种叫“披厄”的水怪，时常攻击捕鱼捞虾之人，致使人们不敢轻易下水。有个叫艾辟节的穷苦人，为了赡养多病的老母

[元]李京《云南志略》转引：《云南史料丛刊（第三卷）》方国瑜主编 徐文德等纂录校订 云南大学出版社，1998年，第127页。

《马可波罗行纪》，A．J．H．charignon注、冯承均译、党宝海新注，河北人民出版社1999年，第442页。

[明]钱古训撰、江应梁校注《百夷传校注》，云南人民出版社，1980年，第90页。

《傣族社会历史调查——西双版纳之十》，云南民族出版社，1987年，第111页。

亲，不顾安危下河捕鱼，无意间捕获一条龙王幼女变成的鲤鱼。龙王急忙派大臣到岸上营救龙女。艾辟节得知鲤鱼原来是龙王之女，答应亲自把她送回龙宫。大臣在艾辟节腰间、身上画了一些奇特的花纹后才带他入水去见龙王。水怪“披厄”见到艾辟节浑身上下的花纹，惊慌失措地逃跑了。艾辟节返回后将这件事告诉众乡亲，人们便学着刺文刻花，以避“披厄”侵害。文身之俗从此流传下来。

西双版纳州申报非物质文化遗产资料《西双版纳傣族文身》，2008 年由西双版纳州文体局提供，第 7 页。

两则传说均与古越人文身是为了“避蛟龙之害”的文化意义如出一辙。

据笔者对村内傣族男性老者文身部位的观察，腿部文身多半是水波纹、龙纹、鱼纹等与水有关的文化符号。

的确，在傣族传统的伴水而居的生活中，每日频频下水捕鱼摸虾曾经是生计的重要补充，在炎热时节每天的沐浴也是必需的生活内容，乞求水居生活的平安自然成为一种祈愿，进而产生文身的习俗。避水中之害，无疑是傣族文身最原初的动因。

傣族文身无疑具有多层文化意义，但傣族伴水而居的生活是产生此类习俗重要的生态文化背景，从某种意义上讲，文身所具有的其他诸如审美或民族标志等文化内涵则是其后才产生的思想意识。

城子村村民在河中捕鱼（武有福摄）

传统水生饮食

在城子村傣族的传统饮食中，也有诸多与水中生物相关的美味佳肴，除种类繁多的鱼、虾、蟹、螺类之外，还有诸多水生植物如青苔、水蕨菜、水芹菜等。鱼、虾类水产品除煮食之外，还是傣族传统菜肴包烧类以及腌制类的主要原料。而水中的藻类植物青苔更是做法多样，可炸可烤可腌，是备受傣族老幼青睐的美味佳肴。

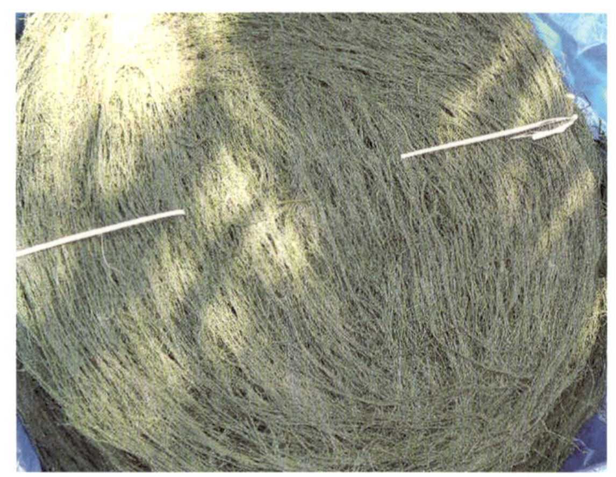

（左）城子村的美味佳肴青苔
（右）城子村的美味佳肴烤鱼
（金少萍摄）

稻作农耕的文化传统

傣族是历史悠久的稻作农耕民族，“住坝子，种水稻”是傣族经济生活的形象概括。傣族日常生活以稻谷为主食，稻谷与傣族的生存有着密切的关系。而水稻的生产需要以丰富的水资源作为基本条件。因此，优质充沛的水资源、水环境成为傣族人民传统生活的生计之本。

傣族称土地为“南领”，“南”为水，“领”为土，傣语的这一称呼较为确切地诠释了水与土地的关系。傣族传统稻作农耕素来“惜水如油，农田灌溉之水渠，要按水田面积、距主干渠远近，论斤、两来分水”。这既是傣族稻作农耕的文化传统和特色，也是一种必然，致使村寨水资源的管理和分配呈现一种有序的状态。

高力士《西双版纳傣族传统灌溉与环保研究》，云南民族出版社，1999 年，第 13 页。

西双版纳傣族地区河流沟渠纵横，雨量充沛，并不缺水，属于亚热带地区，分雨季和旱季，雨量集中于 7、8 月间，而雨季到来之前春耕之际，需要大量的水，否则没有办法耕作。除了利用河流沟渠灌溉之外，稻作农业还必须仰仗人工修筑的水利工程，规模浩大，这需要借助行政的力量来实施，于是上至召片领（最高统治者），下至村社，形成一系列水利管理措施、法律和设施，以及种种传统信仰、祭仪。召片领素来较为重视水利灌溉事业，在各农村公社实行“板闷”制的基础上，建立了严密的水利管理系统及治理灌溉的一系列规章制度。“板闷”制成为傣族地区行之有效的带有民族特色的传统水利管理制度。

“板闷”是傣族村社对水利管理人员的特称。

高力士《西双版纳傣族传统灌溉与环保研究》，云南民族出版社，1999 年，第 2 页。

傣族传统社会为了保障稻作生产的顺利进行，其水利事业主要由议事庭（傣语称“勒司廊”）来运行。召片领政权的议事庭总管整个西双版纳的水利灌溉事业，其中的内务大臣“召龙帕萨”直接兼管水利。各召勐政权的议事庭（傣语称“勒贯”），总管全勐的水利，勐级议事庭长“帕雅贯”“帕雅诰”或内务总管“帕雅龙帕萨”又直接

城子村泼水节前撒下的秧苗（金少萍摄）

兼管水利。每条水渠都设有“板闷龙”和“板闷囡”（正副水利监）。农村基层每个村寨又设有“板闷曼”（水利员）。正如有的学者指出：整个傣族社会形成了“垂直严密的水利管理体系”。在傣历新年到来之际，也是稻作农耕开始之时，生产性备耕的内容中，检查水利设施，用竹筏通水渠是其中重要的一项工作，并世代沿袭。傣族的有关史料记载了此况，如公元1778年（清乾隆四十三年）西双版纳最高行政机构发布的一份修水利的命令：“一周年过去了，今年的六月（新年）又到来了，新的一年的七月就要开始耕田插秧了，大家应当一起用竹筏通渠道，使水能顺畅地流进大家的田里，使庄稼茂盛生长，使大家能丰衣足食，有足够的东西崇奉宗教……”并指出，若不去修，则要受惩罚或不能豁免官租，不分给水。检查沟渠不合格者，或责成定期修好，或酌情给予罚款。

高力士《西双版纳傣族传统灌溉与环保研究》，云南民族出版社，1999年，第143页。

高力士《西双版纳傣族传统灌溉与环保研究》，云南民族出版社，1999年，第146页。

高力士《西双版纳傣族传统灌溉与环保研究》，云南民族出版社，1999年，第149页。

勐仑坝子优越的自然生态条件和水资源环境适于稻作生产，城子村的傣族素来也是历史悠久的稻作农耕民，水稻耕作的传统是村民世世代代沿袭的主要生计模式。在这一传统的生计模式下，稻作生产不仅是粮食的重要保证，也是经济收入的主要来源。

城子村仍然是一个以农业为主的傣族村寨，村民中90%以上的人口仍然以种植业的经营为主要产业，村民经济收入的90%以上仍来自种植业。20世纪80年代中叶，在农村经济体制改革的背景下，除传统稻作外，橡胶一跃成为种植业的重要支撑。目前城子村橡胶的种植面积已超过稻谷的种植面积，据2007年统计，橡胶种植面积达1867亩，而稻田的种植面积为1525亩。

至今水稻种植在城子村粮食生产中仍占据主要位置。城子村共有水田1998亩，其中保水田1764亩，雷响田134亩。据2007年秋收粮豆播种面积和产量的统计，水稻的播种面积达1525亩，产量为648543公斤，人均占有稻谷536公斤。玉米的播种面积达103

亩，产量为 25231 公斤，人均占有玉米 21 公斤。粮食总播种面积为 1628 亩，而其中稻谷的播种面积占粮食总播种面积的 94 %，粮食总产量为 673774 公斤，稻谷的产量占粮食总产量的 96 %。

虽然种植业的结构以及水田的利用方式发生了种种变化，但仍沿袭着稻作农耕的文化传统，因此，水资源对于城子村农业生产的发展仍是至关重要的条件。在傣历新年到来之际，正式的稻作生产开始之前，除了犁田耙地外，检查村庄的水利设施并加以修葺完备，仍是由村内青壮年男性担负的一项重要工作。

保护森林、树木、水源的古俗民风

傣家人流传有一则关于水的千年古训：“有森林才有水，有水才有田，有田才有粮，有粮才有人。”这是傣族人民世世代代沿袭的生态伦理的真实写照。

汪涛《西双版纳——勐巴拉娜西民族文化丛书·节庆文化》，云南教育出版社，2006 年，第 70 页。

注重村寨及其周边森林、树木、水源的保护，既是城子村寨传统的古朴民风，也是村规禁忌的主要内容，并与傣族的传统原始信仰和

城子村周边的古榕树（金少萍摄）

城子村老年妇女在供祭榕树（金少萍摄）

佛教信仰相融合。

万物有灵的观念贯穿城子村民的生产和生活之中，其中山神、树神和水神等均是攸关森林、水源的自然神灵，一年四季有不定期的祭献活动。位于村寨西侧的香发公主山和白象山两座神山，其动人传说可谓家喻户晓、老幼皆知。村民世世代代遵循着禁止在神山伐木、打

城子村大榕树下的祭台（金少萍摄）

城子村傣族传统柴薪黑心树
（金少萍摄）

猎的禁忌，保护了神山的生态和热带雨林。村寨北侧的坟山仍保留着原有的森林植被。从佛寺后山一直延伸至村寨西侧的地带，古树成林，一片葱郁，有菩提树、榕树、槟榔树、贝叶棕、糖棕、铁刀木等。特别是菩提树、榕树、槟榔树、贝叶棕、糖棕，在傣族南传上座部佛教文化的认同中，是最重要的五种树木，是佛教礼仪的象征。

在整个村寨的绿树中，菩提树和榕树是树龄最长的树木，其种植历来也是村民重视生态环境以及对佛教信仰的一种实践，民间相传这两种树木均与佛祖有着千丝万缕的关系，其种植和保护均是一种佛教功德的体现。

以前在城子村的周边和各家各户的房前屋后均种植有大量的铁刀树，民间俗称黑心树，生长较快，树枝被砍后又会再度生长，是傣族生火做饭的主要柴薪。铁刀树的种植和利用，保护了村寨的森林植被，也是傣族民间生态知识和生态伦理的具体体现。现在城子村佛寺后山仍有成片的铁刀树林。

村寨的古井位于距僧侣坟地不远处的榕树丛间，并建有干栏式的井房以保护水源的洁净。在村寨东南侧江边一带，竹子、菩提树、榕树枝叶茂盛，绿树成荫。在传统原始信仰层面上，山神、树神和水神等名目繁多的自然神灵的存在与傣族稻作农耕的传统，保护森林、树木、水源的古俗民风相结合，有益于村寨自然资源和生态环境的保护。

城子村佛寺大殿中的水神（武有福摄）

在傣族村寨的佛寺内，除供有佛像外，司水女神“喃托腊尼”也是佛寺中供奉的重要神灵，其掌管着雨水。在城子村佛寺大殿的佛像之下左右各供有一尊司水女神的塑像。大多数村民已叫不出具体名字，有的直接称之为“管水的”，有的则称是香发公主或是长发公主。司水女神成为傣族佛寺中供奉的重要神灵，祭祀她以求风调雨顺，这是傣族人民信仰深处对水的崇敬和向往的重要象征。

濒水而居的生活方式，稻作农耕的文化传统，保护森林、树木、水源的古俗民风，一一见证了傣族传统生活、生产、信仰与水的关系和缘分，因此傣族被誉称为“水的民族”，而主要分布于西双版纳澜沧江畔的傣泐支系往往又有“水傣”或“水摆夷”之俗称。

一

圣礼源流故事的文化内涵与解读

泼水节（又称傣历新年），是傣族传统社会中至关重要的一个节庆，与傣历新年相关的诸多传说一直在傣族民间广为流传，为了完整解读傣历新年的历史源流和丰富的文化内涵，试将笔者调查收集到的各种版本的传说资料记述如下。

景洪曼景兰泼水节的传说

相传很久以前，有一个暴君，强迫一个穷苦的青年与他赛船，青年人若输了，就要被杀头。这位青年想：君王的船是载重千吨的大舟，而我的则是破烂不堪的一叶小舟，但是人穷志不短，宁可在波涛中粉身碎骨，也决不能在君王面前卑躬屈膝。青年人的决心和志气感动了天神和龙王，它们决定暗中帮助青年化险为夷。比赛这一天，青年划的小船被龙王变为一条大船，而天神则化作一阵狂风为青年人助威。不多时，澜沧江上波涛汹涌，白浪淹没了君王的船。青年人获胜，并与天神、龙王成为患难之交。从此，每年的这一天，人们为了庆祝青

城子村民在赕塔（武有福摄）

城子村佛寺大殿中的壁画（武有福摄）

年人的胜利，反对强权和暴力，维护正义与和平，都要进行节庆娱乐活动。天神和龙王也与民同乐，届时呼风唤雨，天上降雨，河水上涨，而人们沉浸于欢乐之中，举行泼水、放高升、赛龙舟等活动。从此，傣族人民世世代代都要欢度泼水节，送走过去一年中的疾病和灾难，迎来风调雨顺，五谷丰登，人畜兴旺的未来。

《西双版纳傣族社会综合调查》（二），云南民族出版社，1984 年，第 152 页。

文化内涵解读：这则传说其内容与傣族民间流传的赛龙舟传说大同小异，只是没有具体点明青年人的名字。其中包含的内容，如送走过去一年中的疾病和灾难，迎来风调雨顺，五谷丰登，人畜兴旺的景象等，显然具有祈求好年景的文化意义，无疑与农耕生产有关。

帕雅宛为傣家人传播知识而献身的传说

相传古代人没有文字，只有天国里才有文字。人们为了得到知识，纷纷派人到天国去学习。汉族将文字抄写在纸上带回来传播，因此汉族有像鸡爪形的文字。哈尼族没有纸，带着牛皮去抄写，在回家的路途中因肚子太饿把牛皮煮吃了，哈尼族就没有文字。傣族有个青年叫帕雅宛，为了将文化知识传播给傣家人，自告奋勇到天庭取文字，他背了三块石头（有的说是三块木板），到了天国就累死了。也有的说他取得文字后，跨出天国门时，不小心滑了一跤，被石板压死了。傣族人民为了纪念这位为了傣家人传播知识而献身的英雄，把新年第一天命名为“墨帕雅宛玛”即“帕雅宛日”。这天傣家人请帕雅宛的父亲讲述帕雅宛的生平，请他做师傅，并制作帕雅宛生前最喜欢的高升、焰火，向天空发射，使帕雅宛的在天之灵能看到人间迎接的火光，知道求知后继有人。傣族青年男女还要集体跳舞，边唱边舞，让天国的帕雅宛听到人间歌颂他的赞美诗。这就是傣族新年节的由来。

《西双版纳傣族社会综合调查》（二），云南民族出版社，1984 年，第 150 页。

文化内涵解读：这则传说与傣族放高升的相关传说有相同之处，连这位英雄的名字都是相同的。其文化内涵似乎与傣族的历法、农耕没有直接关系。

七美女智杀魔王的传说

相传有个凶恶的魔王，常常伤害百姓。百姓恨透了他，想杀死他，但用箭、刀、火都没有办法杀死他。民间有七位美丽的姑娘也被他抢去做妻子（另一说法是魔王有七个美丽的女儿），这七位姑娘暗中商议要杀死魔王，为民除害。有一天其中最年轻的那位姑娘，请魔王喝酒，借机打探到魔王的要害：最怕有人拔下魔王的头发勒其脖子。随后频频劝酒，待魔王酒醉入睡后，从魔王头上拔下一根头发，朝其脖子上一勒，魔王的头落到地上，顿时燃起大火，姑娘们只有将魔王的头抱在怀中，以免发生火灾。每人抱一年，到换人的这天，人们都来泼水，给她冲洗身上的血污，并防止魔王的头再起火。这样每年泼一次水，泼了七年，魔王的头发臭，不再起火。从此，傣家人为了纪念这七位为民除害的姑娘，每到过新年，都相互泼水，互道祝福。

《西双版纳傣族社会综合调查》（二），云南民族出版社，1984 年，第 151 页。

文化内涵解读：这则传说是直接针对泼水习俗的，并且是整个西双版纳傣族社会中流行最广泛的一则古老传说，其文化内涵的主题是述说泼水习俗的由来以及泼水互道祝福的文化意义。

英达提拉神与七姐妹杀魔王的传说

在傣族民间还流传着一则与上述相类似的传说。相传，创世初期，天地不分季节，世间不分冷暖，人类难以生存。创世神见此情景，委派天神捧麻点腊（又名混桑或帕雅桑）到人间制定季节，管理风雨冷暖。但帕雅桑并不关心人类，又不遵守神界的天规，随心所欲，什么时候想兴风就兴风，什么时候想下雨就下雨，使得天地间风雨不调，冷暖不分。人类种下的种子不是被洪水冲走，就是被烈日晒死。大地上处处是灾难，人类和万物都难以生存。后来，人类眼看所有的生命都已灭绝了，便选派帕雅宛飞到天上向创世神英叭（帕雅英）诉说苦情，于是创世神撤掉捧麻点腊的职务，另派英达提拉神掌管天地间的风雨冷暖。可是捧麻点腊不肯交出权力，仍在乱兴风雨。英达提拉神十分聪明，认为不能硬拼，只能智取，他了解到捧麻点腊的致命弱点：只

城子村村民参加堆沙仪式（武有福摄）

有勒断其头颅才能致死。便想办法接近捧麻点腊，变成一个英俊少年去逗引捧麻点腊的七个女儿。捧麻点腊的七个女儿美丽而多情，但是其父不允许她们接近任何男性之神，更不许她们结婚，因此她们都憎恨父亲。七姐妹见到英达提拉神后很是动心，都提出要做英达提拉神的妻子，英达提拉神对她们说：我很愿意与你们结为夫妻，但你们的父亲是个坏神，如果我们结为夫妻，定要被他杀害，所以要先除掉他。七姐妹决定杀死父亲。一天她们打探到了父亲的生命奥秘，原来捧麻点腊的生命既顽强又脆弱，火烧不死，水淹不死，箭射不死，但只要用他的一根头发勒其脖颈就可以致命。七姐妹便在一个晚上趁捧麻点腊熟睡时，拔下其一根头发将勒死。但捧麻点腊的头落到地上，燃起了熊熊大火，七姐妹担心这熊熊大火将天地烧毁，便轮流将捧麻点腊的头抱在怀里，身上沾满了血污和火焰。捧麻点腊死了，英达提拉神开始掌管风雨冷暖大权。从此，天地间才有了明显的季节交替，该下雨就下雨，该刮风就刮风，该干燥时才干燥，该寒冷时才寒冷。一年有了旱、雨、冷季节的交替，年年风调雨顺，种下的谷子又有了好收

城子村男性老年人在布置祭台（武有福摄）

城子村榕树下的小祭台（武有福摄）

成。因杀死坏神捧麻点腊，让好神英达提拉掌管风雨大权的这天，是傣族先民消除灾难获得幸福的好日子，所以将这一天定为全年之首——新年。过新年时，人们为了怀念齐心杀死坏神的七姐妹，都要相互泼水以示为她们洗去身上的污血，扑灭她们身上的火焰，久而久之，便形成了泼水习俗。

岩峰《傣族新年与农耕神话》，载《民族文学研究集刊》（三）云南省社会科学院文学研究所编，转引自黄泽《西南民族节日文化》，云南教育出版社，1995 年，第 304~305 页。

文化内涵解读：这则神话传说与上述泼水习俗的传说在故事情节方面有相似之处，但其中添加了与历法和农耕相关的文化内容。正如有的学者所指出的：“上述这则神话，兼有历法起源与农业起源的意义，并把历法创制的季节、冷暖之别与新年、与农业的必然联系揭示出来。这则神话之所以至今仍广为流传，家喻户晓，可见傣家人对‘泼水节’作为傣历新年的农耕意义是非常明确的。”笔者赞同上述学者的观点，也许这则神话所揭示的节日主题——历法与农耕，才是泼水节神话的雏形。傣族是古老的稻作农耕民族，历法对于农业生产具有至关重要的意义，而事实上傣族的稻作和历法在南传上座部佛教传入之前就已经存在。

黄泽《西南民族节日文化》，云南教育出版社，1995 年，第 305 页。

太上老君与佛祖斗法的传说

在有关泼水节的神话中还有一则太上老君与佛祖斗法的传说。相传远在佛祖还未成佛之前，人类共居，无人领导管理，时时发生暴乱，人们不能安居乐业，于是人们共同商议，推选公正贤能者来管理。佛祖为人公正，被推选为管理者。佛祖看到当时的人类没有历法，四季不明，耕作不便，于是根据气候变化，制定历法，一年十二个月，有月大月小之别，月大三十天，月小二十九天。当时太上老君认为此种历法实施后，可能会四季颠倒，应当改为每年十三个月，每月三十天。两人一直争论不休，最后以砍头作为赌注。结果，太上老君所订之历法，施行数年后，不能适应季节，太上老君被砍下了头。头砍下后，不能与地相接，着地便会发生火灾，给人民带来灾难。最后玉皇大帝命令自己的七个女儿，每人轮流抱头一天，天上一天，地上恰好是一年。每年在移交太上老君头时，可能有血滴到人间，血滴到哪里，哪里就发生灾害，必须用水洗去血污，才能避免发生灾害。因此，人们每年都要泼一次水，世代相传，沿袭至今。

江应樑《傣族史》，四川民族出版社，1983 年，第 540 页。

文化内涵解读：这则太上老君与佛祖斗法的传说，一方面说明了民间宗教与外来佛教的争斗历史；另一方面则说明历法对于傣族社会的重要性。按此传说的文化解读，佛教之所以战胜民间宗教，其原因在于佛祖制定的历法对农耕生产有利。在这则传说中凸显出历法对于傣族稻作农耕的意义。

通过对上述有关傣历新年泼水节相关传说不同版本的记述和解读，似有这样几个层面的文化信息值得关注：

首先，其中一部分传说的主题均与傣族历法及传统稻作农耕有关。

其次，相关传说在具体内容方面各有所侧重，如有的直接与傣族历法相关，是傣历新年的传说；有的是突出泼水习俗的传说；而有的是关于赛龙舟的传说；有的则是诸种传说内容的相互交织，融为一体，历法、农耕、泼水、赛龙舟诸文化意义兼而有之。

再有，其各种传说版本的不同内容与研究者或记述者个人运用资料时的取舍和关注点有关。

二

与佛、祖先、诸神的对话及拜祭

浴佛的虔诚与圣洁

泼水节期间城子村的浴佛仪式

时间：2008 年 4 月 13 日 13:00

地点：城子村佛寺

内容：诵经、浴佛

参加者：僧侣、布章、中老年群体

得知今天要举行浴佛活动，我们一清早就来到取水的古井旁边等候。城子村的古井掩映在村寨北侧的榕树丛中，其上建有干栏式的井房，水质甘洌，常流不绝。据管理佛寺的波香应告知，为浴佛活动做准备，早在昨天，佛寺的僧侣们已一一清洗了水井和专用的打水桶和水勺，因浴佛活动的取水全仰仗这一汪清泉，容不得半点马虎。不多时老波涛们身着白色服装，纷纷来到井旁取滴水仪式的用水，他们有的沿用传统取水器物葫芦，外面还特以竹编为饰，而有的则将矿泉水

"老波涛"是傣族对男性老者的尊称。

城子村佛寺的僧侣们在召唤人们参与浴佛仪式（金少萍摄）

瓶和饮料瓶派上用场。而老咪涛们则肩挑铁桶来取浴佛用的水。跟随着前来取水的老波涛和老咪涛们的脚步，我们来到了佛寺，只见一担担清水已整整齐齐地摆放在大殿的佛像之下，水桶中还撒有发出阵阵清香的鲜花瓣，凸显清泉水的圣洁与尊贵。已有不少中老年妇女跪拜在佛像下，并供上鲜花、钱币，以示诚心诚意。几位小和尚则在击打铓锣和象脚鼓，鼓声和铓锣声交织成一组特殊的语言，以傣家人特有的传统方式召唤村民前来参加浴佛仪式。

"老咪涛"是傣族对女性老者的尊称。

浴佛前先举行诵经仪式，因城子佛寺的住持佛爷被西双版纳州佛教协会派往昆明民族村参加泼水节的仪式，另一位年仅19岁的小佛爷责无旁贷地担负起主持浴佛仪式的重任，这对于他是第一次，看得出他略有些紧张。所有参加仪式的人们双膝跪地，双手合掌放于前方地上，头贴在手掌上，整个身体呈匍匐状，静心聆听佛爷诵经。佛爷前后共诵念了三段经文。第一段经文的大意是：前来参加浴佛的男男女女，有干净或不干净的，请佛祖宽恕。第二段经文的大意是：今天来参加浴佛的人不论多少，也请佛祖谅解。第三段经文的大意是：今

浴佛前的祈祷（金少萍摄）

村民在佛寺外浴佛（武有福摄）

天来参加浴佛的人，不论善恶，也恳请佛祖赐福。

经文内容据城子村佛寺管理人员波香应的解释。

诵经完毕，开始浴佛，殿内的浴佛由佛爷和小和尚共同负责，其他人一概不得插手，只能在旁边将一桶桶水递给小和尚。而戒堂门口则在佛寺管理员的主持下，老波涛们用竹子搭起一个高架，架下摆放着三个竹篾桌，其上分别供有三尊小佛像，以剥开的芭蕉秆为引水槽，用涓涓清水一一冲洗佛像。老咪涛们则忙于一趟趟地担来清水以供浴佛所需。

过去在完成浴佛仪式后，人们还要在佛寺周围象征性地相互泼水祝福，而如今泼水的内容已被省略，十分遗憾我们没能在城子村佛寺旁分享到傣族传统的以水为媒的祝愿。

一担担漂散鲜花瓣的涓涓清泉、跪拜时匍匐的身体，见证了村民参与浴佛活动的虔诚与圣洁。

佛爷在浴佛(武有福摄)

对勐神、寨神的追思与崇敬

泼水节期间城子村祭祀寨神和勐神的活动

时间：2008 年 4 月 15 日凌晨 3:00

地点：寨神和勐神神龛所在地

内容：献祭、祈祷

参加者：全村各家各户

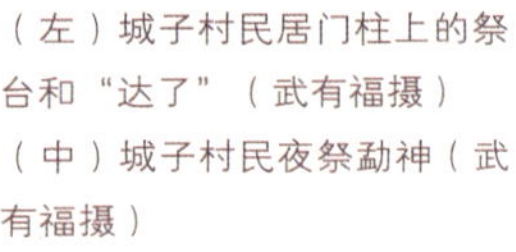

（左）城子村民居门柱上的祭台和“达了”（武有福摄）
（中）城子村民夜祭勐神（武有福摄）
（右）勐神的世袭管理者在向勐神祈祷（武有福摄）

城子村的傣族村民既全民信仰南传上座部佛教，又保持着原始宗教的信仰，这两种宗教相互交融，并行不悖。其原始宗教的信仰，除水神、谷神、风神、树神、山神等自然神灵外，主要表现在对家神、寨神、勐神的祭祀。寨神，傣语称“丢不拉曼”，一般指来建寨的第一位长老或首领，即氏族的祖先。勐神，傣语称“丢不拉勐”，一般指最早来建勐的首领或有功于地方的英雄。历史上凡有召勐建立统治的地方均有勐神。每年傣历新年泼水节、关门节、开门节时，全村各家各户均要祭祀寨神和勐神，祈求寨神、勐神保佑。村民普遍认为若不祭拜会导致狂风暴雨等灾祸。而平时每逢出远门、结婚、建房等大事时则由各家单独祭拜。

傣族社会素来将土司所在地称作“景”，即城子，因此，“城子”在傣语里意为“召勐土司居住的地方”。勐仑城子建寨历史悠久，是勐仑召勐土司世代居住之所，周边的数个傣族村寨原来也是专为召勐土司服务的徭役寨。

城子村原本由曼巴汪、曼乃洪、曼雅菲、曼冒宰四个小寨子组成，中华人民共和国成立初期土地改革时将其改为城子一社、二社、三社和四社，这一名称沿袭至今。现在，村里的年轻人普遍只知晓城子村分为一组、二组、三组、四组四个村民小组，已经很少有人知道原来的四个傣语寨名及其意义。

城子村民居围墙上祭孤魂野鬼的祭台（武有福摄）

追溯城子村建寨的历史，相关的历史传说及调查资料为我们勾勒出大概轮廓和线索。在新中国成立后土地改革之前，西双版纳的傣族社会长期处于封建领主统治之下，由于具体的历史条件和土地来源不同，在农奴内部形成两大等级，即“傣勐”和“滚很召”。“傣勐”又称“傣本勐”“滚勐”，意为本地人、土著，或建寨最早的人，亦即最早建立农村公社的一群人。“滚很召”，“滚”是人，“很”为家，“召”是主，指召片领和各勐的召勐。“滚很召”就是主子的人，其人身隶属关系多半是由家奴转化而来，也有一部分“滚很召”是从“傣勐”转变而来的。“滚很召”由于身份地位、占有土地多寡、负担劳役种类，以及先来后到等不同，其内部又划分为“领囡”“冒宰”“滚乃”等若干等级。据 1956 年的调查资料，勐仑城子四个寨子中“曼巴汪”寨属于“傣勐”等级，约有 31 户，174 人；“曼雅菲”寨“领囡”，约 25 户，134 人；“曼乃洪”和“曼冒宰”寨属于“冒宰”等级，分别有 30 户 163 人和 44 户 219 人。

《傣族社会历史调查》（西双版纳之二），云南民族出版社，1983 年，第 94~95 页。户数及人口根据勐腊县档案馆全宗 70 目录 1 卷 2“城子土改单户资料”，由龙晓燕统计。

勐仑土司及其所在地城子村寨历经不断的发展和变化，现在的勐仑城子最早是在傣勐寨“曼喝景”的基础上建寨，后来“曼喝景”又与傣勐寨“曼巴汪”合并，于是“曼喝景”这一寨名渐渐消失。此后随着土司统治的深入，在此寨的基础上又分出了滚很召寨子“曼雅菲”、“曼乃洪”和“曼冒宰”。

城子村历史上的“曼巴汪”“曼雅菲”“曼乃洪”“曼冒宰”四个小寨子既象征着不同的等级和身份，也要分别为召勐土司负担各种劳役。

寨神，傣语称“丢布拉曼”，城子村历史上由四个小自然村组成，因此有四个“丢布拉曼”，分别是四个村寨（如今的四个组）的保护神。寨神的神龛历来有专人管理并负责主持祭祀，傣语称为“波莫”，属于世袭制，现在普遍称之为寨神管理者。“曼巴汪”寨神的管理者是城子一组的波岩罕，神龛位于其家庭院落内；“曼乃洪”寨神的管理者是城子三组的波迈丙；“曼雅菲”寨神的管理则由城子一组的波岩捧等周围几家共同管理，神龛位于村寨南边的菩提树旁；“曼冒宰”寨神的管理者为城子一组的波温梅罕，神龛位于其家院落内。

勐神，傣语称“丢布拉勐”。现在城子村寨内共有两位勐神的神龛，其神龛一个位于村落广场中心，另一个神龛位于中心广场右侧一幢房屋的背后。两位勐神分别叫“丢布拉达翁”和“丢布拉发翁”。每年傣历新年、关门节和开门节时各家各户都要祭拜。平时如遇大事则自行前去祭拜。这两位勐神也有专门的管理者和主持祭祀者，也是世袭制。对于这两位勐神及其来历，在村民的记忆中已经淡漠，就连世代沿袭的管理者和主持祭祀者也不知所，仅限于知晓两位勐神的身份，据说一位是英雄，一位是召勐土司。只知道村内原隶属“曼乃洪”小寨的后人们可自行祭献，因召勐土司的家人隶属此寨。而其余三个小村寨的后人则要通过管理者进行祭祀，请他帮助摆放供品并祭祀。只知道两位勐神的历史等与往昔的土司制度有关……这点点信息便是如今村民对历史上两位勐神的全部集体记忆。

位于村落广场中心的勐神“丢布拉达翁”的管理者和主持祭祀者是由波温摸（又名岩卖伍）家世袭。而位于中心广场右侧一幢房屋背后的勐神“丢布拉发翁”的管理者和主持祭祀者由波安叫担任。波安叫系此位勐神世袭的管理者和主持祭祀者的姑爷，因前不久原来的管理者病故了，在重选管理人员时被选中。据波安叫称：选举新的勐神管理者，是一件非常神圣而重大的事情。当时，由村委会主任、各小组长、调解员，以及从附近曼仑寨请来的“咩莫”（女巫）共同组成选举的领导小组。在大勐神管理者的家中举行选举仪式。这个仪式必须由“咩莫”来主持，她负责喊叫勐神显灵，并与之对话，由勐神自己做出选择。但这个候选人必须在世代管理该勐神的寨子里选。波安叫被选为勐神的管理者，他本人事先并不知情。另外，他在言语之间也表露出担任这一职务的重要性及他本人的顾虑。他说，担任勐神管理者这一职责，对自身及家人的要求非常严格，比如不能随便酗酒、赌博等。通俗地讲，就是人品好、行为端正、严于律己的人方能被选上。用他的话说，这好比当和尚，不能有所怠慢，否则会害了家人和村寨。其次，时间上由不得自己控制，因为除了勐神管理者外，其他村民对勐神的祈祷和供奉必须通过他来完成，必须时刻准备完成对村民的义务。

据调查组成员徐伟兵对波安叫的访谈记录。

据笔者所见，早在泼水节的头几天，广场中心“丢布拉达翁”勐神的管理者和主持祭祀者波温摸恭恭敬敬地清洗了勐神神龛，并在清洗完毕后用糯米饭、水、香蕉、傣锦、蜡烛条、3 串槟榔壳等祭献勐神。

我们的房东家位于距离勐神神龛不远处的一个院落内，4 月 15 日凌晨 3：00，笔者被一阵敲门声惊醒，武老师等在门外称有活动，我快速穿好衣服，带上照相机正准备向佛寺方向奔去，因昨晚约好凌晨 4 点钟要到佛寺参加傣历新年的滴水仪式。这时武老师小声喊住了我，示意我向院落门前看，只见在深黑的夜晚、朦胧的烛光下，村民们正络绎不绝地来到勐神神龛前祭拜勐神，祭品有糯米饭、蜡烛条、鲜花、毫诺索（糯米食品）、毫崩（糯米食品）、香蕉等果物，这些都是傣历新年时最重要的祭品和食品。夜幕下烛光摇曳，村民轮番跪拜在神龛前祭祀勐神，一种祥和、神圣、庄严的气氛弥漫着整个中心广场，置身于这样的场景中我们的内心激情涌动，傣族传统的寨神、勐神信仰贯穿其间，封建领主制的文化内涵已成为历史的陈迹，在村民的心中，寨神、勐神信仰俨然成为一种民族传统文化的象征，在外来佛教影响的背景下，在历次“左倾”政治运动的冲击下，这一信仰仍是如此根深蒂固，并一直沿袭到今天。

事后，据勐神的管理者波温摸说，每年这天的凌晨各家各户都是先祭祀勐神和寨神，随后再到佛寺参加纪念祖先的滴水仪式，这是村内世世代代沿袭的规矩。

在城子村，也许四位寨神和两位勐神所蕴含的特定时代的文化意义，诸如地位、等级、封建责任等，均已成为历史的陈迹，存留在村民心目中的记忆只是对先民建寨、建勐创业艰辛的钦佩和崇敬。在我们的调查中谈到寨神和勐神的信仰时，曾有村民对我们说：上庙（泛指佛寺的赕佛活动等）是自愿的，而祭祀寨神和勐神则是家家户户应尽的职责，关乎村寨一年四季的平安。一席话道出了这样的事实：通过祭祀，祈求寨神、勐神保佑村寨的平安仍是村民最直接和现实的重要需求。此外，与寨神和勐神相关的传统信仰确确实实是傣族传统宗教文化最原创的根源所在。

新中国成立初期以来，傣族各地的寨神和勐神曾作为封建的糟粕而被取缔，直到 1986 年以后，村民才开始恢复对寨神和勐神的信仰和祭祀。在当今的时代，正如上述所言，傣族的寨神和勐神所代表的封建土司制度下的特权、等级等伴随着土司制度的消灭而退出了历史舞台，在村民心中只是视之为傣族传统文化的一部分，视之为建寨、建勐的英雄而加以顶礼膜拜，并非是封建因素的死灰复燃。

头顶月光，沿着村间道路，我们调查组成员行走在前往佛寺的路上，道路两旁各家门前一盏盏烛光再度吸引着我们：有的人家把竹篾编的祭坛竖立在门边，有的则是直接把一片竹篾笆放在门边的围墙上，供有糯米饭、毫诺索、毫崩、香蕉、点燃的蜡烛，并插有彩色小纸花。这是家家户户设在门前献祭各种孤魂野鬼的祭祀坛，祈求各路孤魂野鬼切勿进入房屋，并保佑全家的平安。

纪念缅怀祖先的壮举——滴水仪式

泼水节期间城子村的滴水仪式

时间：2008 年 4 月 15 日凌晨 4：00

地点：城子村佛寺大殿

内容：诵经、滴水、供献

参加者：僧侣、布章、各家各户村民

水在傣族佛教的传统仪式中，代表着净化与祝福。而泼水节期间纪念祖先的仪式，也选择以滴水的方式来展现，这也从某一方面见证了南传上座部佛教文化与傣族传统原始信仰的交融与沟通。

浴佛前佛爷在咏经（武有福摄）

4 月 15 日的凌晨三四点钟，城子村的乡村道路上，手电、烛光星星点点，村民们扶老携幼行走在通往佛寺的路上。有的是两位老人，有的是年轻夫妇，有的是母女，有的则是父子，一家家，一户户，带着丰盛的供祭品陆续来到佛寺，佛寺周边人来人往，整个佛寺的通道拥挤得水泄不通。佛寺的管理人员波香应对我们说，前来参加滴水仪式的人太多，佛寺容纳不了，整个滴水仪式共要举行三起。

一家一个篾桌，其上供满了丰富多样的供祭品，有糯米饭、毫诺索、毫崩、玉米、水果、烤肉、烤鸡、烤鱼，还有诸多现代食品如罐头、酸奶、果冻、饮料等等。

佛寺大殿中，村民们跪坐在供奉着祭品的篾桌前，聆听佛爷、布章依次念经。不一会儿，人们将带来的烛条一一点燃，佛寺大殿内顿时灯火通明，伴随着融融的烛光，将大殿内圣洁与祥和的气氛推向了高潮，傣族尊老敬老的美德和传统被渲染得淋漓尽致，并升华成为一种无形的力量，令所有在场的人感动和震撼。

圣洁的水在傣族的佛教活动中历来是一种重要的宗教媒介，往往在念经的过程中要通过滴水来表达种种祈愿。我们也知道，佛教在传入傣族地区后，为了使佛教信仰深入民心，必须适应傣族的社会生活，与傣族的传统信仰相互宽容，平分秋色，方才可能扎根和立足。因此，一年一度傣历新年纪念祖先的最为隆重的活动特选在佛寺大殿中举行，所采取的竟然也是以佛教滴水仪式的方式来寄托与缅怀祖先，这种选择也是文化相融的具体体现，滴水仪式见证了南传上座部佛教与傣族传统信仰的交织与相融。滴水仪式拉近了现世的人们与祖先的距离，圣洁的水寄托了人们对祖先的缅怀与追思。通过滴水借以转达后人对祖先的思念与祈愿，通过滴水祖先才能分享到后人供奉的美味佳肴。

在举行完滴水仪式后，村民们一一将各种供祭品送到佛寺大殿外

城子村佛寺中烛光融融下的滴水仪式（武有福摄）

的院落内，不一会儿各种食物祭品堆成了一座座小山，滴水仪式供祭品其丰富的程度远远超出了我们的想象。佛寺将如何处置这一堆堆小山似的供祭品，也成为我们关心的问题。亲眼看见，佛寺的僧侣们留下一部分生活必需品之外，这些供祭品也往往用于济贫，布施给村寨周边的基诺族等山地民族。

沙土堆塑的佛缘与天地

泼水节期间城子村的堆沙仪式

时间：2008 年 4 月 15 日上午 9：00

地点：村寨南侧河边榕树下

内容：诵经、滴水、向沙塔和供台献祭

参加者：僧侣、布章、中老年群体

4 月 15 日的清晨，当佛寺中前后三起滴水仪式完成后，天色已放明。当我们来到河边堆沙处，已有不少老人在此等候佛爷、布章前来主持堆沙仪式。

堆沙也是傣族泼水节期间的一项重要活动，从相关资料来看，泼水节期间传统的堆沙活动地点多半是在佛寺的院落中，而堆沙者素以僧侣们为主体，堆沙的形状是以佛教宝塔（塔三五座，塔高三四尺）的形式，其上还插有几根缠着红绿色纸条的竹篾。基于此，不少学者认为堆沙活动与佛教的传入有关，属于佛教文化的因素对傣族传统节日的影响之一。

西双版纳傣族民间流传有一则与佛教相关的堆沙传说：相传从前有一位慈祥爱民的召法（召片领），深得人民的爱戴。他养着一头巨象。这头大象的道行较好，百姓们托它的福，年年风调雨顺、五谷丰登。有一年邻国发生旱灾，其召法来请求借神象祈雨。这位召法慨然答应将神象借给邻国，邻国果然下起倾盆大雨，举国欢腾中竟忘了归还借来的神象。而神象借走后，连连发生了诸多不幸，烈日炎炎、河水枯竭、稻谷灼死，百姓陷入恐慌之中，怨声载道，批评召法不该将神象借给邻国。召法听到后心里十分难受，便弃位来到缅甸削发为僧。邻国听到这个消息，速将神象送还，大雨也随之而下，五谷重新生长，百姓安居乐业。人民时常回想起召法的慈爱，心中觉得不安，用盛大的仪式欢迎召法归来。召法归来后，仍时常到寺庙中念经礼佛。有一天他告诉手下的人，数日后他将要圆寂，让手下的人每年到了他的忌日，在寺院中用沙堆塔，并在沙土上插些竹篾，象征他的骨骼他的灵魂就会回到塔里。到了其圆寂的那天，他沐浴干净，安坐在寺庙里讲经。人民欢喜拜佛之时，召法坐化了。这时忽然狂风暴雨来临，天上竟落下一片片白银。此后每到新年（召法的忌日），各处寺院都要堆沙纪念这位召法，和尚们则歌唱他一生的功绩，当唱到他在天花缤纷

城子村河畔树丛中的堆沙和祭台（武有福摄）

（上）堆沙仪式上佛爷和布章在念经（武有福摄）

（下）城子村老年妇女是参加堆沙仪式的主体（武有福摄）

城子村佛寺僧侣前来参加堆沙仪式（武有福摄）

中化去时，人们就将花朵和银钱抛向天空。

姚荷生《水摆夷风土记》，云南人民出版社，2003 年，第 169~170 页。

傣族民间还有一则堆沙的传说：相传从前有 4 个人，傣历新年时，商量着去拉黄牛来杀吃，4 人分工，一个去找牛主议价，一个去付钱，一个去牵牛，一个负责宰杀。牛买回来后，4 人到江边担来细沙，堆成 4 座塔赕给帕召（佛祖），并将牛杀吃了。但这头黄牛的灵魂没有死，决心要报仇，就在阴间的路边埋伏起来。过了若干年，这 4 个人都相继死了，4 个人的魂在路上遇到了黄牛魂，牛魂缠住人魂说："以前你们是如何杀我的，今天我非杀死你们不可。不过，若你们能数清楚我身上的毛有多少，我可以宽恕你们。”人魂灵机一动说：“你死后我们堆了4座沙塔给你，若你能把4座沙塔的沙粒数清楚，我们也能数清你身上的毛。”牛魂和人魂争吵着来到沙塔前，4个人魂硬要牛魂先把沙粒数清楚，牛魂没有办法。于是人魂说：“你既然数不清，那我们各在沙塔边掘个井，你能从角里滴出水，我们就和解。”牛魂只得答应。4个人魂在沙塔边掘了4个小井，牛魂低下头，把角里的水滴进井里，这样才消除了牛魂和人魂之间的这场纠纷。以后在新年和其他节日里，傣族均只杀水牛，不杀黄牛。傣历新年元旦那天，人们来到江边担沙子，在佛寺旁堆成塔，每个塔上掘一个小井，担来净水，围坐在沙塔四周，边聆听佛爷讲读经书，边把净水滴入沙井里，一方面祈求丰年，一方面让人与人、人与神灵之间的一切成见、仇恨、纠纷似水滴在沙上一样消失和解。

高力士《高力士傣学研究文集》，云南民族出版社，2006年，第167页。

城子村泼水节期间堆沙仪式的地点是在河边的一片菩提树和榕树丛林间，一棵棵高大挺拔的菩提树、榕树，枝叶茂盛，绿树成荫，宛如撑开的巨伞，搭建出江边地带特有的凉爽和寂静。

城子村老年人在树幡
（武有福摄）

丛林的周边还搭建有不少田棚，这是老波涛们日常看守庄稼、生火做饭、编竹器、纳凉之所。树林间有一条小路，是村内通向外部的通道，绵延不绝，通达四方，平时过往此地的行人，包括外村的傣族、哈尼族、基诺族等也往往于此乘凉、休息。

堆沙仪式的头一天，村内的老人们已开始了忙碌，各种准备工作分工有序地进行着：一群老波涛带着砍刀来到河边，砍竹破篾搭建供台、编“汉贺”、搭燃放高升的高台、竖立悬挂佛幡的竹竿等；而老咪涛们，有的在家准备“董”和小彩旗之类的纸扎，有的则从河边担来细沙，堆出佛塔的形状，中间是一座大型佛塔，周边布有若干小佛塔，并插上五颜六色的小彩旗和纸花作为点缀。

“汉贺”指竹编的祭祀器物。

“董”泛指佛幡，有纸佛幡和织锦佛幡两类。

堆沙仪式以沙堆为活动的中心，小和尚从佛寺小心翼翼地捧来一尊佛像，供奉在事先搭好的位于沙堆左边的竹编供台上。而沙堆的右侧则竖有一排竹篾编的圆形小供祭台。前来参加仪式的多半是上了年纪的老波涛、老咪涛，他们携带来的祭祀用品有食物供祭品（毫诺索、毫崩、香蕉、糯米饭等）、蜡烛条、滴水的葫芦。来者纷纷将供祭品分别供放在供台上和堆沙旁，并点燃一根根蜡烛，插在沙堆上，并将若干钱币供放在佛爷和布章前面的一个竹篾桌上。人们同心协力将长达 10 多米的纸佛幡悬挂于竹竿上，并将高大的竹竿竖立在沙堆的右侧。随后点燃高升，在高升冲向云霄之际，伴随着阵阵鞭炮声和人们的欢呼声。佛爷、和尚、布章一一跪坐在沙塔的左侧，面对众人诵经，有预祝风调雨顺、五谷丰登之意。所有的男性跪坐于沙塔的左侧，而女性则跪坐在沙塔的右侧，倾心聆听佛爷和布章诵经。随后还要做滴水仪式，也是表达来年风调雨顺、五谷丰登的祈愿。

当堆沙仪式结束后，我们向老年人们询问：这项堆沙活动主要是祭祀什么？他们的回答却不尽相同，有的称是祭河神，有的称是祭龙神，有的则称祭河里的小鱼小虾……种种回答均与江河有关，具体而言与水有关，所谓的河神、龙神、鱼虾都是江河中特有的动物和水生物。此前有一天我们在村中调查时，见到一群老年人在河边榕树下忙碌，也曾问过一些年轻的村民河边的堆沙活动究竟是祭祀什么，他们称老年人是在为祭祀河神做准备。当问主持仪式的小佛爷诵念的是什么经文，他们称与昆明圆通寺中的经文是一样的，别的也说不出个所以然。

关于城子村堆沙活动的文化内涵，我们在调查中得到的是两方面的文化信息，一是与佛教相关。如佛寺的管理者波香应称：佛祖有三位高徒，其中两位已经灭度，还剩一位至今仍生活在水里，因此堆沙活动主要是对水中的这位菩萨所做的祈福。二是大多数村民的理解则是对龙王、河神等的祈祷，以求风调雨顺。也许在此类活动中，佛寺僧侣的理解和普通村民的理解本来就存在着一定的差异，甚至是不同层面的意义，更何况随着时代的发展变迁，仪式在佛教层面上的文化意义已经淡化，连佛爷和僧侣们都说不出个所以然，更何况平民百姓。也许这些老人并不知道此仪式活动中所贯穿的深奥的佛教意义，祭河神之说只是凭着他们自己的理解。也许这也正好印证了西双版纳地区南传上座部佛教的特点及高明之处，为了在傣族社会中立足，重要的是将佛教的理念通过各种仪式和活动一一融入傣族民众的生活之中，而并不左右或干涉村民百姓的意识和理解。

按照村民的思维和理解，城子村泼水节期间，在江河之畔以沙土堆塑佛塔的形式祭祀河神，这实际上象征着对水的敬畏与祭祀。一方面感谢水神的恩惠，保障农田的灌溉、稻作的丰收以及生活中丰富多样的水产品鱼虾类或是水生植物类。另一方面村寨濒河而建，水患无穷，这历来也是当地傣族传统生活中的一大隐患，因此在感谢水神恩惠的同时，也祈望水神保佑村寨的平安。

在堆沙活动之际，村民们不仅要祭拜江河中的诸神，如河神、龙神、小鱼小虾等，还要献祭树神。在傣族文化传统中，菩提树和榕树是神树的象征，而神树密布之处也往往是诸神栖息之所。在举行堆沙活动的当天，村庄大部分的菩提树和榕树上都设有竹篾祭坛，祭拜者前来摆放糯米饭、毫诺索、毫崩、香蕉等供品，并点燃蜡烛进行献祭。在堆沙活动的前一天，我们曾见到一位老波涛正在树丛间专心致志地编竹篾祭坛，编好后将之拴在一棵菩提树上，并一一清理这棵树下的杂物。事后老波涛告诉我们：这棵菩提树是其父亲生前种下的，父亲去世前曾告之要好好照料，这也是傣族社会的传统，种一棵菩提树等于供养一位和尚，也是功德无量的大事。当问及为什么有的菩提树和榕树下却没有设祭坛，这位老波涛哀叹道：栽种这些树的主人早已故去，其后人没有来尽照管之责。看着这位老波涛弯着腰远去的身影，我们不禁多出几分担忧：若干年后，这位老波涛的儿女们是否还会一如既往地照管这棵菩提树？傣族的年轻一代是否仍会遵循傣族注重保护生态的文化传统？若干年后傣族村寨的河畔是否还会有如今绿意笼罩、葱郁幽静的景象？

三

节令、备耕的意义

农事节令的标记

在以农业为本、靠天吃饭的传统傣族社会中，根据节令安排农事，也是祈求丰收的一种必然选择。以前对西双版纳傣族泼水节的研究和报道，过于渲染泼水方面的文化内容，以至于其最原初的文化内涵——作为农耕节令的重要意义往往被忽略了。在这次的田野调查中，我们对传统泼水节所蕴含的农耕节令的认识有了一种强化和升华，从某种意义上讲，这是此行调查最大的收获之一。的确，泼水节前夕，全村的男女老幼都在忙碌，做着节前的各种准备，其中有一部分中青年男子直接在为稻作农耕而奔忙，他们在泼水节前至关重要的农事活动就是完成稻田育秧苗的工作。我们与他们一道来到田坝中，一块块稻田经过犁田、放水浸泡、耙田之后，一一撒上稻谷种。对于村民而言，在泼水节前必须完成这些农活，这就是农耕节令的意义。他们一边撒

城子村青壮年男性泼水节前的备耕（武有福摄）

谷种，一边对我们说：“泼水节后不久就可以栽秧了。”当时并没有太在意他们的话，对于农耕节令这样的概念更没有深切的体会。直到我们离开村庄前的一天，再度来到这一片稻田，只见泼水节前我们亲眼看着撒下的谷种，已长出了茁壮的小秧苗，稻田的色彩也呈现出一片片的碧绿，雨过天晴，这一片片的绿色显得格外的清新和洁净。这一景象令我们欣喜，同时也想起“泼水节后不久就可以栽秧了”这样的话语，对傣历新年（泼水节）作为稻作农耕一个重要节令的意义有了一种实实在在的体会，的确，再过10天或半个月，村民将进入繁忙的栽插季节。

忠实于各民族文化的真实内涵和意义，这是人类学家责无旁贷的职责，正如黄泽教授所言：“一定要充分尊重本民族对自己文化事项的阐释，而应绝对避免文化中心主义的偏见、道听途说和先入之见……傣族新年起源于傣族农耕，是农耕经济的产物，其最初原形是总结农耕生产经验、交流农耕生产信息，准备进行农耕生产的节日。随后由于社会的发展，才逐渐演变为全民性的新年节日。”

黄泽《西南民族节日文化》，云南教育出版社，1995年，第305~306页。

外部文化的语景下凸显和夸大傣历新年泼水的内容，而傣族文化语景下的农耕意义则变得萎缩，对其做出真实的诠释和理解，还其本来的文化真实，这是人类学家的一种责任。我们想通过田野的实例，告诉关注傣族文化的人们：傣族传统泼水节是稻作农耕节令的重要标记。

精神备耕的陶醉

现在伴随着傣族生计方式和生活方式的变迁，对于泼水节前的各种准备大部分人似乎都以娱乐休闲、品尝美味佳肴等为主旋律，更在乎的是节庆生活本身品质的提高。其实在傣族传统的农业社会中，节

城子村老年妇女在祭台上摆放祭品（金少萍摄）

前的准备方方面面，其目的都是为了农业备耕，首当其冲的是检查和修理水沟、犁田耙地、完成育秧等农活，这是为即将开始的繁忙农耕做农事准备；各种祭祀活动是以祈求雨水、粮食丰收、村寨平安为主题；以赶摆为中心的娱乐活动、品尝美味、走亲访友都是农忙前的身心调整。有的学者在谈到农业生产与岁时节令的关系时曾指出："节令是农业的一种提示和休止符，一年四季周而复始的劳作，需要做间歇性的休整，并通过节日的庆贺来强化节令和季节韵律；在节日庆典中的娱乐和休整，既为下一循环的劳作养精蓄锐，又增强了人们共同体的精神维系和共同生活方式的认同。"

赵世林、陆生《从节日民俗看傣族宗教文化的变化》，载《傣族文化论》，云南民族学会傣族研究委员会编，云南民族出版社，2000年，第238页。

根据我们的调查，城子村传统的泼水节前的种种活动，整个节前的准备，不同年龄层、不同性别的人们，其种种忙碌都是为了稻作农耕这一主题，各种备耕活动大致可划分为物质备耕和精神备耕两方面。检查和修理水沟、犁田耙地、完成育秧等农事准备无疑是传统泼水节前最重要的物质备耕，这些农活主要由青壮年男性担任。此外，还有诸多层面的精神备耕，村民在宗教层面上的精神备耕，是指在泼水节前的种种祭祀活动，村内4月13日的浴佛活动；4月15日凌晨3：00祭祀寨神、勐神的活动；4月15日凌晨4：00纪念祖先的滴水仪式；4月15日上午9：00的堆沙仪式等等，这一系列的祭祀均是农忙季节即将开始前向佛祖、祖先、神灵的一种祈祷，祈求风调雨顺、五谷丰登、村寨平安。老年群体是祭祀准备活动的主体，男性老年人们忙于制高升、编竹器祭品“汉贺”、在江边搭祭台、清洗神龛等。而女性老年人们既忙于家务卫生，在河边洗涤衣物和食品，又忙于制作祭祀的各种用品，如各种糯米食品、织锦（祭献用的小织锦）、制蜡烛条，到河边挑沙堆沙塔等。在生活层面上的各种活动如备办年货、打扫卫生、杀猪、杀牛，制作各种美味佳肴，丰富多彩的娱乐活动等，也都是农忙季节即将开始前村民的一种心灵释放和生活调剂，既加强营养，也调整身心，为即将开始的栽插强体力劳活做准备，从某种意义上讲既是物质备耕，也是生活层面的一种精神备耕。在各种活动中每个傣族家庭都有一种有序的分工，男性杀猪、宰牛、捕鱼、外出采购年货，而女性则在家杀鸡、洗鱼、洗菜、备办食品等。而村民社会层面的精神备耕，指的是以往在泼水节期间通过会客访友总结农耕生产经验、交流农耕生产信息，同心协力为即将开始的农忙做准备。节日期间的待客访友还包括与山地民族间的交往，我们亲眼所见泼水节期间村寨中心广场停满了大小各种车辆，附近的山地民族携带各种山地特产前来傣族人家做客，祝福泼水节。这天我们正好在咪为咪涛家吃

漂亮的女房东的烧烤摊（武有福摄）

城子村青年组高升队来到演出会场（金少萍摄）

饭，她家的客人中也有不少来自山区的基诺族和哈尼族，据说与她的儿子素有“老庚”（朋友）关系。这种社会层面的精神备耕在过去是非常重要的一方面，在以传统稻作农耕作为生计之本的背景下，稻作生产的季节性，以水利灌溉为基础等特点，需要一种集体的协作，任何劳动都是一种社会劳动，必结成一定的社会关系。因此，利用节庆的休整，沟通关系和联络情感也成为一种重要的精神备耕。

当今随着社会的发展，传统生计和生活方式的变迁，稻作生产的重要性及劳作的负担已开始降低，与稻作密切相关的泼水节期间的诸多活动也发生了一系列的变化，在追求生活品质提高的趋势下，娱乐和休闲渐渐成为傣历新年活动的主题和主旋律。

四

展示生活韵律的民俗文化事项

糯米食品的清香与分享

常言道：民以食为天。傣族喜食糯米，汉文史书中有“饭则糯粮，不用匙筷，以手抟而食之……”的记载。西双版纳傣族历史上以种植糯稻为主，生活中以糯米饭为日常主食。城子村的傣族也如此。家家户户早晨一般都要蒸糯米饭，头天要先浸泡糯米，蒸熟的糯米饭装入竹根制作的饭罐里或竹篾编制的饭盒内，可供一整天食用。每天清晨特将蒸熟的第一口糯米饭布施给佛寺化缘的小和尚历来是村民世世代代沿袭的一种善行。

［明］朱孟震《西南夷风土记》，转引自姚荷生《水摆夷风土记》，云南人民出版社，2003 年，第 144 页。

每天清晨供奉给佛寺的糯米饭（武有福摄）

除糯米饭外，傣族的饮食结构中还具有品种繁多、形式多样的糯米食品。这既是傣族地区稻作农耕文化的表征之一，又是稻作农耕文化赐予傣族人民的一种恩惠，傣族人民竭尽生活智慧，创造和发展了糯食文化，并赋予糯食文化丰富的文化内涵和象征意义，使之成为傣族非物质文化的瑰宝之一。尤其是在傣族传统节庆期间要制作丰富多样的糯米食品，既是传统美食，又寄托着人们的种种祝愿。在傣历新年泼水节期间，傣族人民以糯米食品为媒介，分享祝福，分享快乐，分享祈愿。

丰富多样的糯米食品

在城子村泼水节期间家家各户都要制作各种糯食品，相互赠送，与亲朋好友共同分享节日的祝福和喜悦。这里的糯米食品，品种丰富，形式多样，用途广泛，是当地傣族在节庆、待客、祭祀等场合必不可少的重要食品、礼品、祭祀品，具有多种社会功能。

糯米蒸粑，傣语称“毫诺索”，过去只在过傣历新年时才可以吃到，故而又俗称为“泼水节粑粑”。现在除泼水节外，也是各种节庆或重要活动时待客的重要食品。甚至平时也可以吃到，勐仑镇集市、村中心广场集市几乎天天都有出售。“毫诺索”的制作颇为讲究，先将糯米浸泡后，磨成米浆，现在更多的是直接用糯米面拌水后就可以制作，配以磨好的诺索花、芝麻、花生、砂糖等，配料各家不同，有的还放入肉桂等香料，用芭蕉叶包成两寸宽、三四寸长的长方形小包，蒸熟后就可以食用，或是凉了以后切成片用油炸了吃。

城子村傣族以糯米饭为主食（金少萍摄）

“毫诺索”一般在年前制作，作为泼水节的重要食品，除满足自家食用和用于祭祀外，还要用于待客和送礼，因此每家一次要包很多，据说这在过去是一项很繁重的工作。泼水节前的一天下午（4月13日），我们来到咪为咪涛家，拍摄了制作“毫诺索”的全过程。据咪涛介绍，现在用电动机械磨糯米面，然后直接使用糯米面制作“毫诺索”，工

泼水节前基诺族到城子村销售包糯米蒸粑的芭蕉叶（武有福摄）

序减少了，更方便了。以前要头天浸泡糯米，用石磨磨成糯米浆才可以包制。咪涛一边笑着一边说："现在我们傣族太懒了，连包毫诺索的香蕉叶都不是自己摘取了，由基诺族背来村中卖。"过去用于包毫诺索的香蕉叶，都是在自家的香蕉树或是芭蕉树上摘取，而现在泼水节前专门有勐仑附近山地的基诺族到村中贩卖。

在村中我们也目睹了这一文化变迁的点点滴滴。4 月 12 日清晨，城子村熙熙攘攘的中心广场小街上，有不少基诺族和哈尼族妇女在贩卖山地土产，品种有山竹笋（2 元一把）、芭蕉叶（0.5 元一包）、野生芭蕉花（2 元一个）及各种山茅野菜等。笔者曾问其中的一位中年妇女她是哪里的基诺族，她称来自基诺山的巴卡小寨，并说路途太远，背负的货物又重，而价钱又太低，有些不划算，只是来赶赶傣族泼水节的热闹罢了。当时村内广场中心小街上人来人往，前来贩卖山地土特产的基诺族和哈尼族妇女一一被纳入了我们的镜头中，这一组镜头象征着商品经济背景下，山地民族与坝区民族经济共生、文化交流的一幅缩影。而在遥远的历史时代，中心广场一带曾是召勐土司及其亲戚们居住的地方，也是作为封建领主制象征之一的勐的议事庭的所在地。在那样的历史时代，城子村的傣族与附近山地民族之间的关系，其主题是封建领主制下的贡赋关系，哈尼族种植的棉花、基诺族的竹篾等山地特产都曾作为向勐仑召勐土司交纳贡赋的一部分。

粽子，傣语称"毫栋"，用芭蕉叶或竹叶包糯米，形状多为三角

（左）傣族泼水节的重要食品"毫诺索"（金少萍摄）
（右）糯米粽子（金少萍摄）

形，有白糯米粽子和紫糯米粽子之分，其中还包有花生、芝麻、猪肉等。糯米粽子也是泼水节期间待客和祭祀的重要食品。还有芭蕉粽子“毫栋贵”，用芭蕉叶包糯米，中间有一根芭蕉，用细线包扎好后在锅中煮熟，别有一番风味。

糯米烤粑，傣语称“毫崩”，将蒸熟的糯米饭，用脚碓反复舂细后，做成薄的圆粑粑，晒干后，用火烤吃，也是节庆期间重要的祭祀品。

糯米芝麻粑粑，傣语称“毫吉”，糯米蒸熟后加入芝麻用脚碓舂制，随后做成薄圆形的粑粑，烤吃或是炸吃。也是重要的祭祀品。

糯米甜粑，傣语称“毫惦”，先将糯米略舂一下，蒸熟后加入红糖制成粑粑，然后用油炸了吃。

黄色糯米饭，傣语称“毫冷”，用一种黄姜汁染制，在城子村这种黄色糯米饭主要用于祭祀。

红色糯米饭，傣语称“毫良”，用一种红色植物汁染制，在当地红色糯米饭也主要用于祭祀。

除“毫诺索”是在泼水节前的头天制作外，各种糯米粑粑等糯食品，一般均是在节前制作，因此 很遗憾我们没能拍摄到制作各种糯米粑粑的镜头。根据调查，各种糯米食品制作的工序大同小异，都要精选上好的糯米，在头天浸泡，糯米蒸熟后加入芝麻等各种配料，用竹木脚碓舂制。据说那些天村寨内频频响起一阵阵悦耳的舂糯米粑粑的声音，到处弥漫着糯米特有的清香，呈现出傣族村寨泼水节前独特的一种景观。

由于各种糯米食品在节庆期间有着广泛的用途，既用于食用、待客，又用于送礼、祭祀，需要量较大，要提前制作，傣族地区的天气又是如此炎热，在没有电冰箱的历史年代，糯米食品的保存，也体现出民间传统知识的运用。傣族人民在生活中摸索出来的经验证明：在糯食品中加入一定的植物，除了增添色（植物的颜色）、香（植物的香味）

紫糯米年糕（金少萍摄）

和一定的药用功效外，加入植物的叶或茎的汁或花蕊确实有保存食品的功效，可存放多日不会馊。这是傣族人民世世代代生活智慧的结晶，傣族的“毫诺索”、用竹叶包的各种粽子、加入各种植物配料的糯米粑粑等均是利用植物保存糯米食品的体现。在这一点上，傣族民间传统知识竟与现代科学知识不谋而合。现代科学实验证明：植物的气味具有抑制霉菌繁殖的功能。诚然，过去的人们不可能有这样深刻的认识，但这些源于生活的知识早已成为傣族人民日常生活内容的一部分而世代沿袭，广为流传。

糯米食品社会文化功能的拓展

上述丰富多样的糯米食品，在泼水节期间贯穿节日民俗、宗教民俗之中，具有多种社会功能，展现了糯食文化的多样性。

待客食品、送礼礼品——联络人们情感的纽带

“毫诺索”等丰富多样的糯米食品，其首当其冲的功能是泼水节待客的食品、送礼的礼品，以此作为联络人们情感的纽带。

“毫诺索”等糯米食品作为傣历新年的传统食品，在城子村民的文化认同中，诸多糯米食品象征吉祥、喜庆、祝福，糯食品是祝福与祝愿的象征，象征一种祝福，一年比一年好。因此多以此来待客和送礼，这也是世世代代沿袭的习俗。在调查期间，我们受邀相继到各家做客，屡屡享受到品尝各种糯食美味的礼遇。各种糯食品作为傣历新年的礼品馈赠亲友，不仅在傣族之间传递着吉祥、喜庆、祝福的信息，也向近邻的山地民族传递着这样的信息，糯米食品也成为坝区民族与山地民族交往、沟通的媒介，共享祝福与喜庆。4 月 14 日城子村内十分热闹，各种大大小小的车辆络绎不绝，既有各种机动车辆，也有牛车、马车，将村寨的中心广场堵得水泄不通。依照旧习，这天是泼水节期间待客的日子，来客中有不少周边的哈尼族、基诺族等山地民族，他们携带

着各种山货和土特产到傣族家做客，与傣族人民一道分享节日的快乐。傣族往往以各种糯米食品作为回赠礼品。这天我们恰好在咪为咪涛家做客，亲眼目睹了这样的场景。在咪为家的来客中，也有来自周边的哈尼族，据说是与咪为的儿子交往了多年的“老庚”（朋友），每年泼水节期间他们都要携带各种山地土特产来做客，返回时咪为家都要以“毫诺索”等糯米食品作为回赠。据说这也是城子村民世世代代沿袭，司空见惯的一种规矩。

“毫诺索”是傣历新年（泼水节）的必备食品，泼水象征着祝福，“毫诺索”被冠以“泼水粑粑”之称，其祝福的含义更加明晰。在傣族中还有“吃了毫诺索又长了一岁”之说。每年傣历新年这天享用糯食品寓意着辞旧迎新的文化意义。

宗教祭祀活动的祭品——沟通人与神的物质媒介

在泼水节期间，各种糯米食品还具有另一个重要的文化功能，即成为泼水节期间各种宗教祭祀活动的祭品，糯米食品成为沟通人与神的物质媒介，以祈求来年村寨的平安和丰收。

西双版纳傣族几乎是全民信仰南传上座部佛教，同时民族内部还保存有原始宗教的某些祭祀活动，即“家有家神，寨有寨神，勐有勐神”。无论是佛教或是原始宗教的祭祀活动，其祭品中都有糯米制品，品种有糯米饭、“毫诺索”、粽子、各种糯米粑粑等。

纪念祖先仪式上的供祭品（金少萍摄）

傣历新年泼水节期间，城子村举办的各种宗教活动中均以各种糯米食品作为祭祀品。我们拍摄的一组组镜头，见证了这一事实。

城子村傣族在泼水节期间各种宗教祭祀中无一例外地要用“毫诺索”等糯米食品作为供祭品，并且“人神共食”各种糯食品，此举反馈的似乎都是这样的信息：通过糯食品人神得以沟通，人们对佛、神灵、祖先的种种祈愿通过糯食品得以转达，以保佑来年丰收和村寨百姓的安康。

糯米发酵功能的应用——保存肉类、鱼虾类食品

泼水节期间糯食品还具有一种重要的功效，即利用糯米食品的发酵功能来保存肉类和鱼虾类食品。

在泼水节期间，为了丰富节庆食品，城子村的傣族早在节前就为制作节庆食品而忙碌，除了杀猪、杀牛、杀鸡等外，还要制作各类鱼虾类食品。在不具备冷冻设备的时代，他们往往利用糯米的发酵功能来保存肉类和鱼虾类食品，这不失为一种既不破坏营养价值又可长期贮存的两全齐美的好办法。

在利用糯米的发酵功能保存食品的技法上，傣族擅长制作的酸肉和酸鱼就是这种利用发酵保存食品技法的具体运用。按现代科学知识的解释，这样使得食品中的蛋白质由于发酵的作用，氨基酸得以充分分解，同时由于乳酸发酵的利用从而遏止了腐败细菌的繁殖，达到食品得以长期贮存的目的。制作时，将糯米炒熟后磨成面或是直接用蒸熟的糯米饭与肉类或鱼类相拌，再配以盐、花椒、草果、辣椒等佐料，随后存放在陶缸中，随吃随取。不仅制成酸鱼、酸肉，还用青菜等与糯米饭、糯米面相拌制成酸菜。

利用糯米的发酵功能保存食品，这也可以说是傣族在传统饮食文化方面的智慧和贡献。在节庆中，制作大量的酸肉、酸鱼、酸菜，不仅可以保存多日，也成为傣族传统的一道道美味佳肴。

花孔雀的彩衣与舞步

孔雀是傣族地区的珍禽异兽，与傣族人民的生活相依相伴，在傣

家人的心目中孔雀是美丽、祥和、富贵的象征，因此在傣族民间传统造型艺术中孔雀形象备受青睐，在城子村随处可见孔雀造型的版本，如佛寺大殿佛像下的金属孔雀工艺品、佛寺戒堂门两侧的孔雀装饰、傣家竹楼山墙上的木雕孔雀装饰、傣锦上的孔雀图案等，孔雀造型自然也成为傣族民间舞蹈艺术的源泉之一。

模仿生活环境中动物的姿态、神情，这历来是傣族民间舞蹈艺术的重要特点。傣族在重大节庆时除要举行宗教祭祀活动外，也是民间歌舞的盛会，特别是在傣历新年的赶摆场上，往往成为傣族丰富多彩的民间歌舞的大展演，孔雀舞是其中备受欢迎的傣族民间舞蹈之一。民间孔雀舞起源于傣族先民的原始狩猎生活，多以模仿孔雀行为姿态的逼真为审美标准，如展翅开屏、饮水走动等，开始只是一种自娱自乐的原始舞蹈，其后在此基础上加工发展，进而成为媚神娱神并带有表演性的舞蹈。孔雀舞舞姿优美，形象质朴，因而也是泼水节赶摆期间必演的传统节目，这已成为傣族乡村社会约定俗成的一种规矩。广泛流行于乡村的孔雀舞往往是一男一女以双人舞的形式，象征着一对孔雀夫妻，其惟妙惟肖的表演，再现了一对孔雀夫妻恩爱的情感和生活。乡村民间孔雀舞一般在表演者的头部、腰部等多以彩纸孔雀面具为饰，面具的原材料为竹篾和彩纸，历来是傣族民间扎纸艺术的结晶。

城子村佛寺戒堂门旁的孔雀装饰（金少萍摄）

傣族民间素有流传较广、历史悠久的民间传说故事《召树屯与孔雀公主南木诺娜》，寄托着傣族人们对美好幸福生活的向往和追求。民间孔雀舞均以表现爱情为主题，伴随着舞蹈艺术的发展，融入了民间传说《召树屯与孔雀公主南木诺娜》的故事情节，舞姿在模仿孔雀形态的基础上，将孔雀的美丽、灵巧一一展现。

南传上座部佛教传入傣族地区后，质朴的傣族民间歌舞也被披上了佛教文化的外衣，认为是“佛祖带来的”，并附会了许多与佛教文化相关的传说故事。正如有的学者所指出的：“这些舞蹈一方面来源于对自然界生物的模仿，一方面也与原始图腾崇拜有联系。傣族地区流行最普遍的孔雀舞，开始时也来源于对美丽孔雀的图腾崇拜，后来又戴上佛的面具，具有了佛教文化的性质。孔雀舞其实是融合了傣族的原始信仰和佛教文化的舞蹈珍品。召树屯的故事源于印度，传入傣族地区后有了改进和发展……傣族对孔雀的倾慕与崇拜与后来佛教中崇奉的孔雀的圣洁优美形象相结合，形成了傣族优美的孔雀舞。”

张公瑾、王峰《傣族宗教与文化》，中央民族大学出版社，2002年，第142页。

新中国成立后，西双版纳自治州成立了民族歌舞团，为弘扬民间歌舞艺术，在民间孔雀舞的基础上，创作发展了大型歌舞剧《召树屯与南木诺娜》。经过专业人员的艺术加工和提炼，孔雀舞由民间进入专业表演的舞台，经提炼和创造，伴奏由较为单一的象脚鼓、只是一种节奏而演变为音乐曲调相伴；表演形式日趋多样化，有独舞、双人舞、三人舞、群舞乃至大型舞剧，如《金孔雀》《雀之灵》《金色的孔雀》《召树屯与南木诺娜》。特别是大型舞剧《召树屯与南木诺娜》，以傣族民间叙事长诗《召树屯》为脚本，以歌颂爱情为主题，形象鲜明，情节感人。在表演形式方面，还吸收了汉族舞剧、戏曲、外国芭蕾舞等形式。

冯晓飞《西双版纳——勐巴拉娜西民族文化丛书·歌舞文化》，云南教育出版社，2006年，第64页。

正如有的学者所言：现在的“傣族孔雀舞，不再仅仅是模仿孔雀的展翅开屏、饮水走动等直观动作，而是通过丰富的舞蹈语汇和别具特色的艺术美的形式，把傣族人民渴望和平自由、追求朴实自然的传统美德，以及祈求吉祥幸福的民族心理淋漓尽致地揭示出来，从而显示出永久的魅力”。

冯晓飞《西双版纳——勐巴拉娜西民族文化丛书·歌舞文化》，云南教育出版社，2006年，第29页。

如今，傣族的孔雀舞已成为意境深幽、技巧高超、极具审美价值的舞蹈艺术而风靡国内外，云南省著名的舞蹈艺术家刀美兰的《金色的孔雀》、杨丽萍的《雀之灵》也成为现代孔雀舞的一种范本。

追求美丽、向往幸福是人类生活永恒的主题，也是民间歌舞艺术创作的动力和源泉，傣族的孔雀舞让人们欣赏了美丽，感受了幸福，展现了傣族传统舞蹈艺术的永恒魅力。更令人欣喜的是2007年傣族孔雀舞被批准为国家非物质文化遗产。

2008年傣历新年泼水节期间，城子村的歌舞表演中也有傣族孔雀舞这一传统节目，其表演内容已演变成现代舞的形式，一群身穿白色孔雀长裙的傣家少女，让我们感受到了傣族孔雀舞展现的美丽与圣洁。她们优美的舞姿、苗条的身材、靓丽的面容，让我们陶醉，同时也祈望傣族民间传统孔雀舞蹈的艺术魅力长久、永恒。城子村美丽的傣家少女在节前彩排时的认真和执着，也一一收入了我们的镜头。的确，现代化的步履是一种不可阻挡的趋势，连村社节庆中的传统孔雀舞也从传统走向了现代。

城子村傣家少女表演的孔雀舞（金少萍摄）

高升放飞的理想与祈愿

大高升，长高升，
长又大，抬上架，
点燃它，庆节日。
……
火一点，黑烟喷，
似利箭，冲出去。
祝来年，好光景，
愿五谷，又丰登。
依拉贺，依拉贺，
水！水！水！
……
蓝天高，艳阳照，
树枝绿，花枝俏。
各民族，会江边，

城子村民在学唱高升调（武有福摄）

喜盈盈，笑声高。
傣家人，手艺巧，
高升架，高又高。
长高升，冲云霄，
金丝扎，银线绕。
舂得紧，多装药，
飞得快，飞得高。
飞上天，把喜报，
帕萨傣，生活好。
依拉贺，依拉贺，
水！水！水！

岩温香《西双版纳——勐巴拉娜西民族文化丛书·民间工艺文化》，云南教育出版社，2006年，第15~16页。

上述是流传于西双版纳傣族地区一曲古老高升调的现代版歌词，而曲调则是古老的，并世世代代沿袭，深幽而悠长。

2008年泼水节前夕，也就是4月10日，我们调查组到达城子村的当晚，有幸听到了这首悠扬而动听的高升调。当时我们在村委会主任的陪同下，正在村中一边散步，一边商量着泼水节的相关活动和摄像工作的安排。不远处传来一阵阵悠扬的曲调，村委会主任告诉我们，这是以前的佛爷在教年轻人唱傣族传统高升调，为泼水节的文艺演出做着准备。追逐着歌声，我们来到了城子村常乐小学校的校园，只见一群中青年男女席地围坐在大榕树下，十分认真地跟着佛爷一字字、一句句地学唱高升调。宛如擎天巨伞的古榕树、教者和学者的那份执着和认真，这一幅夜幕下的风景，纯朴、真实而美丽，这是事先没有经过任何人布置、编排的场景，这是最好、最真实、最动人的摄影素材，没想到不经意间竟然被我们撞上了。在一阵阵忙碌的摄影、摄像之后，在感受到幸运和喜悦的同时，又让我们倍感欣慰和感动，

城子村波罕金老人制作的高升（武有福摄）

傣族民间也在默默地为传统文化的保护和传承做着不懈的努力，傣族传统文化的传承后继有人。不知不觉中，我们也融入了这一场景中，成为学唱高升调的一员。高升调古老的韵味、感人至深的场景令我们回味无穷。

高升，傣语称“棒菲”，主要在欢度傣历新年泼水节时制作和燃放。西双版纳州各地的傣族村寨普遍流传有制作高升的技艺，傣族高升被西双版纳自治州人民政府评定为州级非物质文化遗产。

傣族高升具有深远的历史文化渊源，在傣族民间流传有关于高升的种种传说。其中流传最广的一个版本是纪念傣族的“日子之王”——英雄帕雅宛的故事。傣族民间相传，帕雅宛是一位为民请命的英雄，在凶神捧麻点腊降灾于人类时，他用木板做翅膀飞上天宫向天王英达提拉报告灾情，揭露凶神恶行。飞入天庭时，他不慎撞到天门而死，帕雅宛的灵魂便成为传递天地人间信息的使者。每当新年来临，帕雅宛都要带着当年的气候信息返回人间，使人们预知当年的气候信息，以便安排农事活动。因此，为了纪念他，每年傣历新年来临之际，人们就燃放高升，让腾空的高升表示欢迎“日子之王”的到来。

征鹏、杨胜能《新编西双版纳风物志》，云南人民出版社，1999 年，第 225 页。

高升的传说在民间还有另外一个版本，古时候有个王子飞扬跋扈，胡作非为，老百姓恨透了他。一次，这个王子异想天开，他嫌乘象、骑马不过瘾，妄想在天空飞行。他见鸟儿能飞是因为有翅膀，于是就强迫老百姓用木板给他做翅膀。恨透了他的工匠们见除害的机会到了，就用木板给他做了两扇沉重的翅膀，他们让王子爬到树上，然后把“翅膀”绑在他的胳膊上。一切准备就绪了，王子就模仿鸟儿起飞的样子“起飞”了，结果，不但上不了天，反而连人带“翅膀”摔了下来，脑袋砸破了，来不及说一句话就断了气。后人为了纪念那些足智多谋的工匠，就在每年傣历新年时放高升，以缅怀那些为民除害的工匠们。

征鹏、杨胜能《西双版纳风情奇趣录》，云南民族出版社，1986 年，第 125 页。

城子村的波罕金是 77 岁高龄的古稀老人，是勐仑傣族地区远近闻名的制作高升的能手。我们前两次到城子村调查时，已目睹过波罕金老人制作高升的全过程和高升放飞时的动人情景，高升冲天的高度、悦耳的声响、美丽的弧线，一一见证了他杰出的高升制作手艺。据波罕金老人说，他年轻时在城子村出家当过和尚，还担任过村长和拖拉机站的站长。后来到过老挝、泰国学习制作高升的工艺，2001 年再度到泰国景海学习制作高升，随后利用农闲专事高升制作，现在已成为勐仑镇公认的制高升能手。

从前，城子村周边的每个傣族村寨都有不少制作高升的手工艺人，而现在，会制作高升的人逐渐减少，于是每逢傣历新年、开门节、关门节前夕，周边各个村寨都要前来向波罕金老人定做高升。泼水节前是高升制作和销售的高峰期，波罕金老人非常自豪地告诉我们：今年不仅是各村寨来订购的较多，连勐仑镇政府的高升也在此预订。这标志着他制作高升的手艺不仅得到民间的高度评价，也得到政府部门的首肯。在波罕金老人家的院落内，伴随着一阵阵填充火药的敲击声，我们开始了高升制作的调查和拍摄。

制高升的工具有：刀、锯子、木槌、铁圆钻、臼和杵。

材料主要有竹竿、竹管、火药、引线等。

高升制作有采竹料、晒竹料、捆扎竹管、填充火药、安放导火线、捆扎尾竿等几个步骤。（1）采竹料：由于城子村周边盛产竹子，所以竹料来源较充足。波罕金老人做高升的竹料是从城子村周边山上砍来的，一般要选直径在10厘米以上，大小不等的竹子。在傣历新年前夕，老人连续上山砍了好几天的竹料，平均一天砍200根，以满足订购者的需要。（2）晒竹料：刚砍来的竹子一般带有水汽，较潮湿，因此要先晾晒。晴天时，只需晒一天即可；若是阴天，就得晒好几天，甚至要用火将竹料烤干。（3）捆扎竹管：用粗麻绳从头到尾紧密缠绕在直径为10厘米、长约35厘米的新鲜竹管上，以防止填充火药时竹管开裂。（4）填充火药：火药是老人到勐仑镇上买的白火药，买回来后要经过捶打，并要掺入一定量的铁渣和硫黄，通常是每公斤火药放入2公两硫黄和少量铁渣。火药的填充是最为关键的一环，因此要用一铁圆钻往竹筒里压碾、压实火药。据老人说，高升能否升空关键就在这一步骤。（5）安放导火线：填充好自制火药后，就可以安装导火线了。导火线外面要用棉纸缠裹，以加快燃烧时间。（6）捆扎尾竿：最后用粗麻绳将一根长三四米的竹竿捆扎在竹筒尾部，起到平衡作用。同时在竹筒周围再捆绑五六个酒杯粗的空竹管，并安装一个木制挂钩以挂搭在高升架上。这样，高升就制作好了。

高升的制作是傣族一项历史悠久的传统工艺，其中蕴含着傣族先民们所创造的古老科技原理，体现了傣族人民的智慧和创造力。燃放高升的传统是伴随着佛教文化的发展而出现的。放高升是西双版纳傣历新年泼水节时必不可少的活动，傣历新年前夕，各个村寨都会提前到赶摆的地方搭起高升发射架，在赶摆的那天，即在“麦帕雅宛玛”那天，人们都要穿上节日盛装，敲锣打鼓，抬着高升走入赶摆场，随后燃放高升。届时人们要载歌载舞，辞旧迎新，欢度新年。

城子村在泼水节前，在村庄北侧的田坝中早已搭好了高升架。高升架的上方插有彩旗，在一阵阵微风的吹拂下彩旗飘扬，十分醒目。

4 月 16 日是城子村的赶摆日，赶摆会场布置在常乐小学的广场上，翠绿的古榕树下宛如一个天然的大舞台，上演着城子村泼水节文艺会演的一个个节目；舞台右边则搭有竹棚，主要经营烧烤，是傣族民间传统饮食的大卖场，村民们一边喝酒吃肉，一边欣赏文艺演出。

赶摆场上人来人往，热闹非凡。在正式的赶摆开始前，还有一套传统的仪式，即在村庄北侧高升架前，由原来勐仑土司的后人、两位勐神的主祭者、佛爷先念经，并用糯米饭、酒等祭品一一祭祀勐神。燃放土炮三响之后，第一组先点燃佛寺僧人的高升，伴随着高升飞入皓空，在人们的欢呼声中，村委会主任宣布城子村赶摆活动开始。在赶摆场文艺表演的舞台上，各路高升队相继入场，队伍中有象脚鼓手、舞刀者、抬高升者、舞者。人们就着香甜米酒的酒兴，放声唱着高升调，载歌载舞。在一组组高升升空的瞬间，人潮涌动，一片欢腾，节日气氛高潮迭起。

傣族燃放高升的传统活动蕴含着丰富的文化内涵。首先，高升制作技艺的流传是傣族宗教信仰观念的体现。从高升的起源传说中得知，高升是伴随着佛教文化的传入而兴起的，是傣族社会文明程度的一种标志。在人们的观念中，高升是与非人格力量沟通交流的媒介物，它负载着人们对神灵的祈求，对丰收的渴望。在此，高升成为人神沟通的媒介，与神圣的事物相关联，以迎接傣家人心目中的英雄——日子之王返回人间。其次，燃放高升的活动是与傣族传统稻作农耕经济生产方式的需求相适应的。经济文化类型在很大程度上影响着一个民族的文化特点，从而使各民族的文化呈现出差异性和多样性。傣族是传统稻作农耕民族，自然气候的变化对傣族的生产和生活具有至关重要的作用。西双版纳傣族地区的气候特征是一年无寒暑，只分干湿两季，干季气候炎热，而湿季雨水较多，于是频频发生旱、涝灾害。并且在傣族社会发展的早期，人们对防洪抗旱缺失科学知识，“靠天吃饭”成为生产和生活的一种本能。通过祈求神灵的方式，保佑来年风调雨顺、五谷丰收普遍成为一种民间的文化传统。正如傣族民间传说中描述的那样，通过燃放高升迎接带着气象信息给人间的“日子之王”，体现了傣族人民稻作农耕经济生活的现实需求。因此，从某种意义上讲，燃放高升也具有娱神的文化功能。再有，燃放高升活动具有传递傣族社会的价值观念和社会规范体系，进而整合傣族社会成员的文化功能。所谓社会价值观念，指的是社会、民族或群体中存在的比较一致的共同理想、共同信仰及较为持久的信念，它构成了一个社会的文化价值体系，并对社会成员的行为具有定向和整合功能。傣族社会通过燃放高升活动，统合人们的理想、信仰和信念，无形中融合了人们的情感，从而强化了傣族人民对本民族文化的认同感和族群归属感。最后，燃放高升活动塑造了傣族人民的坚毅品格，培养了人们的审美情趣。从前，燃放高升既是带有宗教祭祀性质的活动，又是傣族民间的传统体育竞技项目。历史上在傣历新年时往往要举行高升的制作技术和发射技术的比赛，获胜者还会得到土司头人的奖赏。因此，在整个活动过程中充满了竞技、拼搏的氛围。参加竞技的人们不仅要具有高超的智慧和技艺，还需要耐久和坚毅的品格，因此技艺的比拼实际上蕴含的是智慧的较量、意志的抗衡、情操的磨炼，其中给人们灌输的则是竞争的意识、求知的意识，公平、平等的观念，也是傣族社会中传统生活规范和集体主义观念的教育活动。此外，燃放高升活动也是对人们精神美的一种塑造，提升了人们的审美情趣。燃放高升比赛通过激烈艰巨的较量体现了人们的勇敢、果断、沉着、坚韧、协作等内在美的品质，使人们在观赏和参与中受到美的熏陶，提升了对审美

城子村泼水节扛摆活动前燃放高升（金少萍摄）

的认知。

现在，随着社会的现代化发展，人们的价值观念发生了较大转变，一定程度上导致民族传统文化意识的逐渐淡化和模糊，因此传统技艺的传承也出现了断裂。如今，在城子村的周边傣族村寨已找不到会制作高升的手艺人，而城子村的手艺人波罕金也已是77岁高龄的古稀老人，他的儿孙们都不会这一门技艺，只能帮助填打火药。现代化的社会背景下，傣族的下一代们都过于忙碌，他们中的一部分人也不愿意学习，觉得这些传统工艺既费工又费时，制作成本高。现在，制作高升的工艺对于波罕金这样的傣族老年人而言，除了能带来一些微薄的经济收益之外，更多的是高升制作技艺倾注着老人对传统文化的一种执着以及对往昔美好岁月的一种追忆。

在看到在勐仑城子村周边傣族地区高升制作技艺即将失传这一危机的同时，我们也应该看到政府和民间开始涉足于对这一非物质文化遗产保护的行动。西双版纳自治州人民政府已将“傣族制高升”评定为州级非物质文化遗产，并对这一无形文化遗产进行了扶持性的保护。此外，在政府相关部门的旅游开发进程中，也开始整合民间的力量，对传统制作高升的工艺加以保护。如2004年，西双版纳金孔雀集团在组建“勐景莱”旅游公司时，把勐海县打洛镇景莱村的3位高升制作能手集中起来，将他们吸收为公司成员，专门从事高升制作。如今，以这3位民间艺人为主体正式成立了高升制作家庭作坊，并收有学徒，传授手艺。如何将非物质文化遗产保护手段的多样化与民间“活态文化”旅游开发的合理化有机结合，这也是我们今后应该加以关注和思考的问题之一。

2008年西双版纳傣族自治州文化馆提供的资料：《云南省西双版纳州傣族传统工艺高升调查报告》。

香包的奇缘与传情

在傣族传统社会中，泼水节时的丢包活动是傣族传统婚恋习俗之一，丢包活动往往成为男女青年相识的机遇，而香包也成为青年男女传情的重要媒介。精巧玲珑的香包不知成就了多少对傣族青年男女的爱情奇缘，使有情人终成眷属。

历史上西双版纳傣族在不同的阶级中具有不同的婚配形式。一般而言，傣族贵族子弟的婚姻是要讲求门当户对的，是不自由的。而傣族平民的婚姻则完全是自由的，自由恋爱往往成为平民阶层婚配的主旋律。整个社会对青年男女的交往较为宽容，常常给予青年男女许多谈情说爱的机会，在生产劳动中，如上山打柴、下水捕鱼等，青年男女总是结伴而行，由此相识而相知。举办盛大集会时，如花少女盛装而来，各地的赶摆活动成为傣家姑娘们表现自我、展现美丽的最佳时机，于是每遇街期、赶摆集会，美丽的傣家少女总是最积极和踊跃的一员。

泼水节期间的赶摆，是西双版纳傣族地区规模最大的集会，上演着丰富多彩的民俗文化事项，丢包也是其中重要的民俗活动之一。丢包，傣语称为“端麻管”，是集娱乐与传情求爱于一体的传统民俗活动。民间相传，西双版纳傣族青年的丢包活动，早在明代便已盛行。如今曼听公园所在地，就是当年规模最大的丢包场。每当傣历新年泼水节来临之时，召片领都要带上文武官员到曼听娱乐，附近村寨的傣族青年姑娘便赶制花包，盛装打扮，聚集到曼听丢包场，以丢包活动取悦于宣慰使、召片领及文武官员。召片领对前来丢包的姑娘们要给予一定的赏钱。由于参加丢包活动的都是傣族未婚青年男女，少女美丽而多情，小伙英俊而大方，丢包活动自然而然地富有了感情的色彩。傣族上层的公子哥儿们，也往往趁丢包之机选美，使丢包从单纯的娱乐活动，演变成为集娱乐和传情求爱于一体的活动而广为流传。清代流官柯树勋曾写下一首《抛球》诗："时样衣衫趁体艳，绣球抛物早春天，邻家姊妹齐声贺，恰有多情美少年。"诗中的"抛球"，指傣族青年男女借以传情求爱的丢包，再现了昔日西双版纳傣族丢包活动的精彩场景。《水摆夷风土记》中也专门有抛球这样的章节，记载的就是西双版纳傣族的传统丢包活动。当时在景洪宣慰府的新年丢包活动，由宣慰使主持，每村寨为一个队，女子在一侧，男子在一侧，男的没接着丢来的香包包则要给女的二三枚铜钱，而反过来若是女的没接着香包，则要送给男的一枝花和一包槟榔。有一老年妇人专门提着篮子，篮中放有鲜花和槟榔，男子相中某一女子的话可问地址，晚上约会，而少女若是相中了小伙子则由提花篮的妇人示意，约晚上来谈心。

载《普思沿边治略》，转载于姚荷生《水摆夷风土记》，云南人民出版社，2003 年，第 164 页。

姚荷生《水摆夷风土记》，云南人民出版社，2003 年，第 165~166 页。

丢包本是一种游戏，达到高潮时渐渐不守规则了，更多的是一种情感的交融。丢包之日，未婚男女青年在寨旁的草坪上或榕树下集中，分别列阵各站一边，含情脉脉地相互对视片刻，女青年便手握花包提绳轻甩几圈，向男青年甩去。见花包飞来，男青年争相抢接，接住的自然欢呼雀跃，接不住的便得给丢包的姑娘送些礼物或礼钱。男青年得到花包以后，也仿效女青年的模样，轻甩几圈掷出花包，让女青年抢接。未接住花包的姑娘，得将一朵鲜花献给掷包的小伙。经过几番试探性的抛掷之后，心有灵犀的男女青年便结对丢包。这时的花包已成为传递感情的使者，带着情与爱飞向对方。两人对丢一段时间以后，便悄然离开丢包场所，或隐身于树林之中，或在溪流之畔倾心交谈，最终坠入爱河，变为情侣。那小小的花包，不知为多少妙龄女子牵线，为多少多情小伙子搭桥，使一对对有情之人结为终身伴侣，共度幸福美好人生。

丢包活动的花包制作，体现了傣族的纺织、刺绣、编带等传统手工艺，是极为讲究的。每当傣历新年（泼水节）来临之际，各村各寨的未婚女子，便用自己纺织的布，精致的是以傣锦为布料，配以编带和丝线，精心缝制花包，花包呈四角棱形，外面用多色花布拼缝，内填棉籽，角上缀有约五寸长短的丝线束或花边，缝有一尺多长的提绳，供丢包时握绳甩掷。现在花包制作的布料、丝线、花边均仰仗市场供给。

现在各地傣族村寨在泼水节期间仍沿袭着传统的丢包活动，但这一活动在现代化的背景下，也发生了变异。贯穿传统丢包活动中的谈情说爱的因素已渐渐淡化，现代生活背景下的傣族青年男女，已不再需要以丢包活动作为相识的机缘，丢包也不再充当傣族青年男女相恋的月下老，丢包活动更为凸显的是娱乐的功能、竞赛的功能，并成为傣族传统体育竞技的一个重要项目而得以弘扬。

据村民告之，罗梭江畔的榕树林间就是城子村传统丢包活动的场所，以前每年泼水节期间的丢包活动是备受青年男女喜爱的一项活动，成为青年男女相识、相恋的重要媒介。这次在城子村泼水节的活动中，我们没能目睹到傣族青年男女丢包活动的风采，在颇感遗憾的同时，我们又倍觉欣慰，虽然贯穿传统丢包活动中的恋爱情感因素已成为历史，但丢包活动作为傣族传统娱乐的功能在当代仍得以发扬光大，已发展成为传统体育竞技的一部分。

龙舟竞渡见证的爱情

湍急奔腾的澜沧江是西双版纳傣族文化的发祥地，也是傣族传统民俗文化大展演的重要舞台。在每年的傣历新年，澜沧江畔均上演着一出出扣人心弦、惊心动魄的龙舟竞渡。傣族民间相传，这一活动的缘起，是为纪念一位忠于爱情的故人。

傣族的赛龙舟活动，源于一个动人的爱情故事。述说的是穷苦人家的小伙子岩洪窝与勐巴拉娜西国王的小女儿南丹博腊忠贞不渝的爱情故事。相传从前勐巴拉娜西有一个叫帕雅龙纳西的召勐，他一向残

勐仑罗梭江上的龙舟比赛（武有福摄）

暴、阴险，在其统治下人民痛苦万分。他有 3 个女儿，大女儿嫁给召勐罕的王子，二女儿嫁给召景哈的王子，而三女儿不服从父母的意志，自己爱上了穷苦的小伙子岩洪窝。帕雅龙纳西认为有损面子，想方设法要杀害岩洪窝，出了一道道难题，若完不成便将其杀害，而岩洪窝对爱情的忠贞感动了山神和龙王，它们在暗中帮助岩洪窝。帕雅龙纳西又与其他两个女婿合谋，要用划船比赛的办法害死岩洪窝。比赛当天岩洪窝坐着龙王赐给的龙船比赛，帕雅龙纳西等一起向岩洪窝冲去，企图撞翻他的龙船，不料反被卷入波涛。此后，岩洪窝成为勐巴拉娜西的召勐，与三公主过着幸福的生活，全勐百姓安居乐业。

高力士《西双版纳傣族传统灌溉与环保研究》，云南民族出版社，1999 年，第 25 页。

从此傣家人为了纪念勇敢、智慧、贤明的岩洪窝，每逢傣历新年均要在澜沧江中举行龙舟竞赛。据民间相传，龙舟竞赛龙船上的铓锣发出“洪——窝、洪——窝”的响声，是在呼唤岩洪窝的名字。在这个曲折离奇、美丽动人的爱情故事中，爱情逾越了等级观念和贫富界限，战胜了困难和阻挠，使有情人终成眷属。故事的主题将崇尚真善美、鞭笞假恶丑这一人类文明进步的主题渲染得淋漓尽致。

泼水节期间的赛龙舟活动，是澜沧江畔各个村寨的大事，之前要做各种准备。首当其冲的就是修整参赛的船只，其木船的船头和船尾均要装上龙头、龙尾，要将船身彩绘成龙鳞纹饰，因民间相传，当年就是龙王帮助了岩洪窝。还要精心挑选参赛的水手团队。水性好、体格健壮的小伙子成为首选，还要特别挑选几位有胆、有识、经验丰富的水手，一位在船尾持长桨掌舵，三位则在船头压船劈浪，还有两名水手负责击镲敲铓，以统一划船的节奏。30 多名水手则分坐两侧奋力挥桨划水。同时在龙舟制作和下水前均要举行虔诚的祭祀仪式：一是感谢岩洪窝和龙王；二是祈求来年风调雨顺；三是祝愿本村寨在赛龙舟比赛中获得成功。以往在傣族传统社会中，赛龙舟活动历来是男性的专利，傣族妇女是无缘参与的，如今这样的文化传统已被打破，西双版纳赛龙舟的活动中也闪现出傣家女子亮丽的身影。

澜沧江面上的龙舟竞赛将整个西双版纳泼水节的活动推向了一个又一个的高潮。傣历新年泼水节期间，整个西双版纳地区的赛龙舟活动主要在景洪港江边、橄榄坝江边、勐仑植物园罗梭江畔举行。2008 年（傣历一三七零年）的赛龙舟活动，4 月 13 日在景洪港江边举行，共有 12 支龙舟队，其中有 9 支男队和 3 支女队。4 月 14 日则

勐仑傣族女子龙舟队
（武有福摄）

在橄榄坝江畔举行。4 月 15 日在勐仑植物园罗梭江畔举行。

当代的傣族青年男女已经不再需要以龙舟竞赛的方式来见证自己的爱情，但在湍急奔腾的澜沧江上赛龙舟的确是对人的勇气和胆识的一种考验。与此同时，龙舟竞赛是一个集体项目，各村船队水手间的通力合作十分重要，也是对村庄凝聚力的重要验证，这样的活动有助于激发人们的勇气及集体荣誉感和协作精神。

如今赛龙舟活动也被西双版纳州政府列入非物质文化遗产保护的内容，并将其开发为当地带有民族特色的旅游文化资源。泼水节期间赛龙舟活动分别在三个地方举行，活动吸引了越来越多的游客前来观赏，成为泼水节期间最受游人青睐的活动之一。

4 月 15 日是勐仑镇的赶摆日，除了精彩的文艺会演、令人狂欢的泼水活动外，我们也在罗梭江畔拍摄到了一组组龙舟竞赛的场景。

水流湍急、江面开阔的澜沧江，营造出龙舟竞渡惊心动魄的场景，这也是傣族地区充沛的水资源、丰富的水文化带给我们的又一震撼和魅力。

尾声

政府力量的引入

西双版纳历史上傣族传统节庆泼水节的各项活动，素来是以傣族社会民间的力量为主导来组织和实施的。新中国成立以来，伴随着西双版纳自治州的成立，政府十分重视和保护各民族的传统文化，泼水节作为西双版纳自治州主体民族傣族的传统节庆，备受政府关注。现在无论在乡村还是在城镇，各级政府都积极扮演了组织者和领导者的角色，政府引导，民众响应，成为现代傣族泼水节重要的组织形式。

西双版纳的泼水节庆中，政府力量的引入，主要表现在如下几方面:

统一节期

傣历以六月为岁首，泼水节是傣历新年，傣语称为“桑勘比迈”，其节期民间历来是按照傣族传统的天文历法来推算的，每年的日期都不固定。而现在则由西双版纳自治州人民代表大会常务委员会立法通过，按公历将每年的 4 月 13 日至 15 日定为泼水节的节期。

安排活动

傣族村寨传统泼水节的第一天，傣语称“宛墨”，类似汉族农历的除夕，家家户户大扫除，置办年货，辞旧迎新。第二天，傣语称“宛恼”，意为空日，是既不属于旧年，也不属于新年的日子，民间俗称“恶神头颅腐烂之日”，主要活动的内容是泼水，消除污垢。第三天，傣语称“宛帕雅宛玛”，意为纪念“日子之王”来临的一天，类似公历的元旦，届时举行堆沙、浴佛、放高升、拜年、泼水等活动。

现在西双版纳自治州政府在各地民间活动的基础上，对州府所在地景洪市泼水节期间的活动做出相关安排。据“2008 年西双版纳泼水节活动指南”，4 月 13 日第一天的活动主要是召开泼水节庆祝大会、赛龙舟、放高升、堆沙、斗鸡、象脚鼓舞比赛、放孔明灯、燃放火花和焰火。4 月 14 日第二天的活动内容为：民族文化大游演、赶摆、文艺晚会、群星演唱会、动力伞表演。4 月 15 日有取水仪式、开泼仪式和泼水狂欢、文艺晚会等活动。此外，在节前及整个节日期间，都有不同规模的商品展销和经贸洽谈、文艺会演、歌咏比赛、游泳比赛、民族语电影晚会等活动。

勐腊县下辖的勐仑镇人民政府在泼水节前（4月3日）也发出了公告，对傣历一三零七年（公元2008年）新年庆典活动做出了安排。其公告的内容如下：

为弘扬民族文化，加强民族团结，维护边疆稳定，经勐仑镇人民政府研究，决定举办傣历一三零七年新年节庆典活动。活动日程如下：

2008年4月15日，由镇政府组织在勐仑各主要街道举行大型泼水活动，江边有赛龙舟的活动。

2008年4月16日民间自发组织活动（城子村赶摆、放高升、文艺演出）。

2008年4月17日，在罗梭江滨江道一带举行赶摆活动，内容有：赶摆、赛龙舟、歌舞表演、放高升等。晚上燃放焰火。

2008年4月18日，在勐仑镇勐醒村委会下寨村小组举行赶摆

勐仑镇赶摆场地的准备（武有福摄）

曼春满傣园泼水前的仪仗（金少萍摄）

活动。

因此，现在西双版纳傣族的泼水节活动，从时间上讲，既有政府的法定日期，也有村寨按傣历传统推算的日期；从组织层面上既有政府的组织安排，也有民间自发的活动，而活动的内容既有传统习俗的继承，也有现代文化的拓展。

打造民族文化旅游品牌

泼水节旅游资源的开发

西双版纳自治州人民政府实施“旅游强州”的发展战略，将一年一度的傣历新年泼水节作为主要的民族文化旅游资源进行开发，利用节期宣传西双版纳、弘扬民族文化，使泼水节成为加大对外开放的重要平台。每年州政府都要精心组织，周密策划。

泼水节期间，在州府所在地景洪举办大型的经济、文化活动的同时，注重开发民族特色旅游文化资源，以吸引更多的游客，如赛龙舟活动就要举行三天，第一天在景洪港江上举行；第二天在橄榄坝江上举行；第三天在勐仑植物园罗梭江上举行。再如泼水习俗的开发，由原来的用树枝蘸水相洒以示祝福，发展演变为全民性的泼水狂欢，激发游人参与的热情与兴趣。

位于橄榄坝的曼春满傣园，是西双版纳傣族地区著名的国家 4A 级旅游景区，景区也将傣族泼水节作为旅游的一个项目进行开发，傣园内设有一个泼水广场，每天下午都有一场游人参与的泼水活动，当地人称为“天天欢度泼水节”。为了解傣族现代泼水节文化的变迁，我们也曾前往曼春满傣园拍摄了“天天泼水节”的景象。在大象领头的仪仗、傣家少女伴歌伴舞的精彩表演后，游人和村民便进入泼水狂

前来勐仑赶摆的傣家少女（武有福摄）

欢，傣园内的泼水广场顿时也变成了水花的海洋。

在云南省政府所在地昆明市的云南民族村，在 2008 年的 4 月 11~20 日，景区举行以“快乐泼水，喜迎奥运”为主题的大型泼水节活动，内容有：泼水节艺术巡游、万人泼水广场狂欢、浴佛插花活动、民间斗鸡展演等。景区将团结广场设置为泼水狂欢广场，每天上午 11：30 至下午 17：00 游客在此尽情狂欢。此外，景区内还设有傣族赶摆一条街，既可品尝傣族传统风味食品，又可购买民间工艺品和泼水用具。

泼水节文化内涵的拓展

从上述泼水节期间各层面活动的安排可以看出，顺应时代的发展，泼水节活动的文化内涵不断丰富多彩，在更大程度上增强了其节庆文化的包容性和认同感。活动的内容，贯穿着传统与现代的结合，既有傣族传统文化的内涵，如赛龙舟、放高升、堆沙、斗鸡、放孔明灯、燃放土火花等；也增加了一些现代的经济、文化活动的因素，如举办不同规模的商品展销和经贸洽谈、现代文艺表演、少数民族语言电影

基诺族女子表演前的喜悦（武有福摄）

晚会等活动。再有，其节庆文化中宗教祭祀的内容呈淡化的趋向，而娱乐、休闲渐渐凸显为节庆的主题。贯穿在传统的赛龙舟、堆沙、放高升民俗文化事项中的宗教因素也渐渐淡化，演变成为比赛或是表演性的娱乐休闲活动。

前来勐仑赶摆的傣家女（武有福摄）

泼水节演变成地区性的民族节庆

西双版纳自治州人民代表大会常务委员会立法规定：每年的 4 月 13~15 日泼水节期间全州放假三天。泼水节演变成全州性的民族节庆，在文化活动方面，在弘扬傣族传统文化的同时，也注重彰显西双版纳自治州境内其他世居民族的传统文化，在民族传统文化的保护与传承方面力图体现傣族主体文化与世居民族文化的结合。如 2008 年州政府组织的泼水节活动中就有以弘扬西双版纳地区 13 个世居民族的服饰、歌舞为主题的民族文化大游演，展示了缤纷多彩的各民族原生态

著名旅游景点曼春满傣园的文艺表演（金少萍摄）

的服饰文化、歌舞文化的美妙图景。

2006 年，西双版纳泼水节被列为国家级、省级非物质文化遗产的保护项目。与傣族泼水节相关的文化事项傣族孔雀舞也于 2007 年被列为国家非物质文化遗产保护项目。这标志着傣族传统泼水节的保护与传承被纳入政府工作的轨道。

我们期待着：伴随着西双版纳旅游业的第二次创业，在不远的将来，泼水节将成为傣族民间传统文化中最响亮的重要品牌，而西双版纳也将成为民族旅游业开发最具独特魅力的一方热土。

昆明—曼谷国际大通道的意义

在泼水节调查期间，频频传来国际大通道昆曼公路开通的消息。昆曼公路距我们的调查点勐仑镇城子村近在咫尺，并穿村而过。利用调查的闲暇时间，一天清晨，我们调查组一行漫步于刚刚开通的昆曼路上，眺望着空旷、绵长的道路，一种悠长的思绪、开阔的视野引领我们解读一则则有关昆曼公路沿线的点滴资料，我们的遐想也定格于字里行间。

2008 年伴随着澜沧江—湄公河次区域国际大通道昆曼公路的开通，标志着中国云南省，特别是西双版纳傣族自治州与澜沧江—湄公河流域诸国经济和文化的交流进入了一个崭新的时期。

昆曼公路，直接连接着中国、老挝、泰国 3 个国家，全长 1855 公里，从中国昆明至西双版纳的勐腊，进而进入老挝境内的南塔、波乔省，经会晒再到泰国的清孔，经清莱、清迈，最后抵达曼谷。昆曼公路的开通，成为大湄公河次区域经济发展的大动脉，最显而易见的是经济的效应，这一直成为世人关注的重点。

在此，我们的视点则着眼于文化的源流和交融。众所周知东南亚诸国历来是南传上座部佛教的家园，尤其在泰国、缅甸、老挝等国度，南传上座部佛教有着深远的影响和历史渊源。地域毗邻、相连，民族同根、共源，文化交融、相通，这是澜沧江—湄公河次区域的大文化背景，因此我们也可以将昆曼公路称为文化的大通道。在这一条文化的大通道上，泼水节也是这一次区域民族文化的重要象征之一。

泼水节不仅是中国傣族最隆重的传统节日，也是东南亚诸国泰、掸、老等民族的传统节日。在泰国北部和老挝琅勃拉邦等地称之为“宋干节”，宋干节的文化习俗和传统沿袭了近千年。据相关史料，早在泰国兰那古王国时代，就开始过传统新年（泼水节），随后泼水节才逐渐传到泰国其他地方。

［泰］宋迈·宾吉、（法）安布雷·多雷著，赵瑛译《泰国兰那十二个月习俗研究》，云南民族出版社，2002 年，第 162 页。

被誉为国际大通道的昆曼公路（武有福摄）

在现代泰国的首都曼谷，整个泼水节期间的活动既有传统习俗的因素，也有现代文化的影响，传统与现代交织其间，并且其中诸多文化因素与中国傣族的文化传统同出一辙。如流传有不同版本的七女除恶魔的故事；要举行隆重的宗教庆典，拜佛、浴佛、堆沙等；慎终追远，纪念祖先的祭拜祈福仪式，等等。此外，还要举办食品展销活动、花车游行、风筝比赛、划船竞赛、泼水小姐选美、烟花表演等。

传统与现代的交织，中国和泰国、中国和老挝等各国民族文化的交流，也将成为现代傣、泰、老诸民族泼水节文化的一个崭新主题。

伴随着昆曼公路的开通，也拉开了西双版纳州与澜沧江—湄公河流域诸国大型文化交流活动的帷幕，中国傣族与东南亚泰、老等民族的文化交流进入一个新的时代。2008 年泼水节期间，西双版纳州政府举办了澜沧江—湄公河流域五国边境地区的艺术节、澜沧江亚洲游泳邀请赛等大型文化活动，这标志着政府层面组织的大型文化交流活动开始登台上演。傣族及东南亚各民族同根共源的民族传统文化的交流和展示将成为整个东南亚区域泼水节庆活动的一个新亮点和另一番风景。

后记

2008年1月间为完成云南大学民族研究院的研究项目，我为选择田野调查点来到西双版纳，经西双版纳州民族宗教局岩香宰局长的介绍，第一次来到勐腊县勐仑镇的城子村，记得那天巧遇城子村傣族的赕塔活动，其场景和傣族传统民风民俗令我震撼，并深深地吸引了我，从此我与城子村结下了不解之缘。2008年2月间为完成云南大学民族研究院“西南少数民族信息系统数据库建设”项目，我们调查组一行7人来到城子村进行田野调查，这次调查组成员的田野调查和资料收集，为后来云南大学民族研究院的“非物质文化遗产的田野图像——傣族泼水节项目”的调查研究工作奠定了重要的基础。2008年4月傣族泼水节期间，我们调查组一行5人再次来到城子村，开展“非物质文化遗产的田野图像——傣族泼水节项目”的田野调查，此时正值西双版纳地区最炎热的季节，按照分工由我负责文字资料的调查和撰写，武有福老师负责摄影，张海老师负责摄像。在调查期间我们既有分工，又有合作，同心协力、精诚合作成为我们田野工作的一种动力。田野调查期间虽然辛苦，却是一段十分愉快的时光，相互间

金少萍担任组长，组员有：龙晓燕、毕芳、余云疆、吴喜、徐伟兵、李兴力。

金少萍担任组长，组员有：武有福、张海、徐伟兵、李兴力。

的合作与协力以至于让我们忘却了烈日炎炎下的暴晒和汗水，忘却了因炎热而无法入睡的疲惫和烦躁。

在学术著作出版之际，总要在后记中述说一些感谢的话语，这已成为一种俗套，但这也是必需的，若没有许许多多幕后的支持者是不可成就这番事业的。首先要感谢民族研究院院长何明教授的精心策划和经费、人力的大力支持，否则就没有此项成果的问世。感谢副院长李志农教授为著作出版付出的努力和辛劳。西双版纳各级地方政府的配合以及各位领导的支持也是我们多次田野调查工作顺利进行的重要保障，西双版纳州副州长陈启忠，州民宗局局长岩香宰、副局长奚云华，州民族研究所所长岩香，勐仑镇镇长岩砍旺，副镇长王鹏，城子村委会书记波光理、主任岩总、副主任岩捧、妇女主任咪应捞、计划生育委员咪的洪，一组组长波罕恩、报账员波光的、妇女组长咪香旺，二组组长波温安、报账员波应叫、妇女组长咪光香，三组组长波玻燕、报账员波公香、妇女组长咪温坦，四组组长波燕亮、报账员岩燕、妇女组长咪旺西丽，佛寺住持佛爷都捧、管理人员波香应等，都为我们的调查研究提供了大量的帮助，在此请接受我们诚挚的谢意！此外，还要感谢我们的房东家以及城子村的父老乡亲们，由于帮助过我们的人太多太多，我们无法在此一一写下他们的名和姓，但在我们的内心深处永远记着城子村傣家人

城子村小和尚化缘（武有福摄）

傣家女表演前的表情（武有福摄）

的这份深厚的情谊和缘分。为着这份缘和情，有机会我们还会再到城子村，继续完成下一个项目的调查与研究。

同时还要感谢项目组的各位同仁。再有，我们的研究还参考了诸多前人的学术成果，特向各位作者表示谢意。还要感谢云南美术出版社担任策划、责任编辑、责任校对的老师们，他们的精心策划和细致编辑，为此书大大添色，增加了可读性和美感。

需要说明的是，除特别注明的参考文献外，其资料主要源于笔者2008年1月、2~3月、4月间的几次田野调查，民族研究院的硕士研究生徐伟兵、李兴力等也帮助整理了部分调查资料，特此致谢。

金少萍2011年秋于昆明荷叶山寓所

图书在版编目（CIP）数据

城子村傣族泼水节 / 金少萍著. -- 昆明：云南美术出版社, 2018.2
（非物质文化遗产的田野图像）
ISBN 978-7-5489-2667-2

Ⅰ.①城… Ⅱ.①金… Ⅲ.①傣族－民族节日－少数民族风俗习惯－勐腊县 Ⅳ.①K892.1

中国版本图书馆CIP数据核字(2017)第000040号

出 版 人：李　维　刘大伟
策　　划：吉　彤　高　伟
责任编辑：庞　宇　郑涵匀
责任校对：于重榕　李江文
装帧设计：高　伟　庞　宇
英文翻译：毕晓红

非物质文化遗产的田野图像
云南大学西南边疆少数民族研究中心◎编
何　明◎主编

城子村傣族泼水节
金少萍 / 著

出版发行：云南出版集团　云南美术出版社
制版印刷：重庆新金雅迪艺术印刷有限公司
开本：889mm×1194mm　1/16
字数：52 千
印张：7.5
印数：1–2000
版次：2018 年 2 月第 1 版
印次：2018 年 2 月第 1 次印刷
ISBN 978-7-5489-2667-2
定价：98.00 元